Au Coeur du Temple Chrétien

À Michel.

Remerciements à Marie Puech pour son aide.

© 2025 Francis André-Cartigny
Édition : BoD · Books on Demand, 31 avenue Saint-Rémy, 57600 Forbach, bod@bod.fr
Impression : Libri Plureos GmbH, Friedensallee 273, 22763 Hamburg (Allemagne)
ISBN : 978-2-3225-7449-0
Dépôt légal : Mars 2025

Francis André-Cartigny

Au Coeur du Temple Chrétien

La Messe Tridentine

Collection de l'Aubépine n° 7

Nef de Sainte Irène, avec son synthronon en gradins semis-circulaires, proche de Sainte Sophie à Constantinople. VIIIième.

La Bonté et la fidélité se sont rencontrées, la Justice et la Paix se sont embrassées. » Psaume 84 Vulgate.

Le Temple est la réplique terrestre de la Maison de Dieu, dans laquelle se trouve la *Shekinah*, lieu de sa présence réelle, le lieu de sa manifestation. La construction d'un édifice religieux revenait aux constructeurs du grand art royal, instruits des règles secrètes qui plaisent à Dieu : capter la lumière céleste en un lieu précis de l'édifice, *la Shekinah*, lieu ou « loge », le tabernacle symbole du cœur du Monde.

Que contient ce livre ?

Introduction	13
Le ministre du culte	17
Le sanctuaire et l'espace liturgique	21
La Liturgie	28
La Messe des catéchumènes	33
Quelques définitions	38
L'Offertoire face au nouvel ordo	45
Le Canon de la Messe comparé au Nouvel Ordo	50
Psaume 116	68
Rétrospective	69
La berakah Juive annonce l'Eucharisties ?	71
La Semaine Sainte et la Cène	75
La table et le repas dans les milieux judéo-Chrétiens	79
Le dernier repas de Jésus	81
Le développement de la Célébration Eucharistique	84
Vers la Messe contemporaine	90
Épilogue	93
Annexes	
L'abbé Nicolas Boon	95
Mgr Guérard des Lauriers	96
L'Abbé Anthony Cekada	96
Ouvrages consultés	103

Dans la collection de l'Aubépine

- 1.La Spirale des Cycles - De la Genèse au Monde Moderne, 2022.
- 2.La Spirale et l'Absolu - Pèlerinages, médiations, miracles et influences spirituelles dans les trois religions monothéistes, 2022.
- 3.La Spirale et la Dame du Verger - Saint Bernard et la Médiation Mariale - St Thomas-sur-Kyll (Trèves) - Marienfloss (Sierck-les-Bains) - Marie en Islam, 2022.
- 4.Introduction aux Paraboles de Jésus - Textes canoniques et apocryphes de Thomas, 2022.
- 5. Les Rois Mages et les Trois
- 17 Mondes, 2022.
- 6. La déclaration conciliaire Nostra Aetate 1965-2025.
- 7. Au Coeur du Temple Chrétien, 2025

Présentation

Décembre 2025 marque le 60ième anniversaire de la clôture du Concile Vatican II, mais aussi la naissance d'une fracture profonde entre les tenants des réformes théologiques et liturgiques et leurs opposants. Ces derniers maintiennent le culte traditionnel dans leurs propres chapelles et églises. Or il ne s'agit pas d'une question de latin abandonné par l'Église, ni d'encens, ni de dentelles, ni de dorures. Les traditionalistes considèrent la messe nouvelle creuse de toute valeur salvifique car elle ne transporte plus les fidèles au coeur du mystère de la relation de Dieu avec l'humanité. Dieu ayant créé l'Univers, c'est vers celui-ci que rayonne la Messe tridentine par ses symboles et ses aspects scéniques d'une liturgie imprégnée de tradition hébraïque.

Nous proposons de redécouvrir l'authentique tabernacle, la *shekinah* hébraïque, le Coeur de la présence divine opérée par la Messe Tridentine, créée par le Pape Saint Pie V le 14 juillet 1570, en nous inspirant de l'ouvrage du père Nicolas Boon : « Au Coeur de l'Écriture » et de même par l'étude comparative des deux rites eucharistiques faite par Mgr Guérard des Lauriers. Celui-ci dès la fin du concile participa à la rédaction d'une supplique adressée au pape Paul VI, intitulée « Bref examen du nouvel ordo » à propos des doutes d'un certain nombre de pères conciliaires, d'évêques et de cardinaux, notamment Ottaviani, Préfet du Saint Office, et Bacci.

Enfin au cours de notre exposé, grâce à l'abbé Nicolas Boon, nous retraçons la continuité qui existe dans la Messe traditionnelle entre le Judaïsme et le Christianisme, et permet d'approfondir la compréhension de la liturgie catholique menant à une réelle connaissance de Dieu.

L'abandon de la théologie sacrificielle de la Messe de Saint Pie V s'entend par le retour à l'Eucharistie des premiers siècles, comme le laissait entendre Paul VI et le cardinal Josef Ratzinger aux traditionalistes. Ainsi comprenons-nous mieux les grandes réformes de l'Église Romaine visant à gommer la théologie tridentine et la portée rédemptrice universelle de la Messe de Saint Pie V. C'est ainsi que se justifie la déclaration conciliaire *Nostra Aetate* par son témoignage de paix envers les religions monothéistes et particulièrement envers le Judaïsme.

Introduction

Dans toute l'antiquité juive ou païenne, le sacrifice apparaît au centre de la vie religieuse comme le sommet ou l'acte suprême du culte rendu en l'honneur d'une divinité. Il consiste en l'offrande et la destruction réelle ou équivalente d'une victime **consentante** ou dans l'immolation variant selon la matière offerte suivit d'un partage.

La Genèse relate dès les origines le Sacrifice de Noé après le déluge, d'Abel et de Caïn et de Melchisédech, etc. La condition à l'agrément du sacrifice par Dieu est capitale, à laquelle se rattachent les bénédictions divines. Celles d'Abraham par le serment de Dieu en faveur de sa race ou de celui l'agneau de la première Pâques offert par le peuple d'Israel en captivité en Égypte qui délivre et sauve ses premiers nés. Jésus s'offre sur la Croix en sacrifice pour le Monde.

Nous conservons en mémoire le sacrifice sanglant d'une jeune vierge consentante s'étant préparée au cours de toute l'année, dont le sang allait inonder les sillons d'un champs fraîchement labouré afin que les dieux assurent le peuple en substance les céréales représentant son aliment principal. Cet anecdote d'un autre âge nous apparaît horrible à notre époque moderne, qui ne la comprend plus et rejette toute idée de sacrifice. La suite de cet épisode sacrificiel intervient au moment de la récolte. Le maître des lieux procède personnellement, avant le travail des moissonneurs, à la coupe des épis mûrs avec sa faux ou sa faucille d'une première gerbe offerte aux mêmes dieux en reconnaissance de leur générosité. La seconde phase de cette tradition oubliée nous apparaît peut-être plus « humaine », si on ose dire, dans cette relation sanguinaire d'un peuple de l'antiquité avec ses dieux. Toutefois ce deuxième temps illustre parfaitement le sacrifice opéré par « substitution » eu égard aux bontés divines.

La substitution d'une victime, offerte et immolée au nom de l'homme, s'applique à la liturgie romaine de la Messe. Mais jamais le pénitent n'exprimera mieux son anéantissement personnel et volontaire devant Dieu au cours du sacrifice sur l'autel.

Le coeur de la liturgie de la messe reprend ainsi ces trois moments de tout sacrifice : oblation, consécration et communion, ses trois phases, ici d'un sacrifice non sanglant, en la personne du prêtre *in Persona Christi* (1).

Tout sacrifice doit être agréé par Dieu selon diverses conditions à commencer par la pureté du prêtre et des oblats. C'est ce que précise le prêtre en se lavant les mains après l'offertoire en récitant le psaume 25 :

> « Ne perdez pas, ô mon Dieu, mon âme avec des impies, ni ma vie avec des hommes de sang, dans les mains desquelles sont des iniquités, dont la droite est remplie de présents. »

Qui n'a jamais pensé déposer mentalement sur la patène au moment de l'offertoire ses propres dons ou

---

(1) *In Persona Christi* soit en la personne du Christ où à la place du Christ.

intentions les plus secrètes sans songer à sa propre pureté? (2)

L'agneau choisi jadis par les juifs et offert au temple devait être sans tache, entendons ni malade, ni mal formé et c'est le cas dans le sacrifice de l'*Aid el kebir* musulman et enfin d'une hostie pure et sans tache dans le sacrifice chrétien et cette pureté est exigée par le jeûne que s'obligent les communiants (3).

Or, ce sont les âmes des vivants et des morts qu'il s'agit de sauver par le sacrifice offert à Dieu. L'animal domestique offert en sacrifice représentait pour ces temps essentiellement agraires, un bien estimable utile pour les travaux agricoles et une part importante de leur subsistance. Le choix de l'animal domestique, offrande vivante proche de l'espèce humaine constituait un véritable sacrifice.

L'immolation d'Isaac, le premier né, nous révèle le mystère de la substitution. Isaac se laisse lier, étendre et s'offrir sur l'autel par son père, qui répond ainsi à la volonté de Dieu. Au dernier moment Dieu épargne cette vie humaine et se contente du bélier offert en holocauste à la place du fils unique. La victime n'a de raison d'être et de valeur qu'en tant que substitué représentant Isaac et de tout le peuple. Les bénédictions sont à ce prix. Abraham est béni, non pas pour avoir offert matériellement le bélier, mais avoir sacrifié son fils par intention. C'est la volonté divine qu'il accepte totalement.(4)

Ainsi en déposant mentalement nos peines et nos souffrances sur la patène au moment de l'offertoire nous acceptons et nous nous soumettons totalement à la volonté divine.

---

(2) Ce fut le cas du sacrifice d'Abel. Voir encore la parabole du publicain et du pharisien dans Luc 18. 9-14.
(3) Le jeûne n'est plus exigé dans l'Église Romaine depuis Vatican II.
(4) D'après J. Grimal S.M. dans « Le Sacerdoce et le Sacrifice de Notre Seigneur Jésus Christ », 4ième édition chez Gabriel Beauchêne Éditeur Paris 1926.

Dieu dans le Lévitique se déclare l'auteur de cette substitution mystique qu'au sang sa vertu expiatoire. C'est à dire: le sang est la vie ou l'âme de l'animal, « voilà pourquoi je vous l'ai donné pour vous représenter, remplacer vos âmes coupables et de les purifier ».(5)

Le sacrifice sur la Croix du fils de Dieu sur le Calvaire représente la plus grande substitution qui se renouvelle quotidiennement sur les autels en rémission du péché originel pour les âmes des vivants et des morts de la Terre entière dans le passé, le présent et dans le futur. Il scelle l'alliance de Dieu avec les hommes, comme avec Noé, Abraham et Abel, ces derniers cités en mémoire au Canon de la Messe.

Ce double acte de substitution et d'alliance se résume dans celui de la Communion, qui achevait tout sacrifice ancien et nouveau. L'homme par cet acte s'assoit à la table du festin de réconciliation avec Dieu en mangeant l'Hostie devenue divine, se **sanctifie** et se divinise lui-même. Ainsi tout repas familial s'inscrit à présent dans cette perspective. Le chef de famille bénissait le pain que l'on partageait entre tous les membres de la famille « réunie ». Le sommet de la Messe se résume ainsi dans ses trois phases:

Offertoire, Consécration et Communion.

L'assemblée participe au sacrifice par sa présence, ses offrandes et sa communion en union avec le prêtre sacrificateur, encore nommé le ministre du sacrifice assisté éventuellement des ses propres ministres.

---

(5) Ibid.

Le ministre du sacrifice

Le prêtre choisi parmi les appelés à la prêtrise est ordonné par son évêque afin d'offrir le sacrifice de la Messe à toute la société religieuse et en son nom.

Avant la rencontre d'Abraham avec Melchisédech (1), « l'activité sacerdotale » revenait généralement à un chef de tribu ou au chef de famille. La bible ne nous dit pas de qui détenait Melchisédech son pouvoir sacerdotal. Il était Roi de Paix et de Justice et fondateur de Jérusalem(2) et de son temple. Les origines de Melchisédech sont inconnues, toutefois il apparaît pour beaucoup comme un envoyé de Dieu à la

---

(1) Dieu donna la victoire à Abram sur ses ennemis et rencontra Melchisédech Roi de Paix et de Justice qui partagea avec lui le Pain de Justice et la Coupe de l'éternité. Abram reçut de Dieu le nom d'Abraham, qui signifie «Père d'une multitude», à la suite de son initiation sacerdotale et royale.
Le Divin offrira au patriarche une terre sans limite du Nord au Sud et de l'Est à l'Ouest un véritable « Saint Empire » au centre duquel s'élèvera à Jérusalem le temple de la Justice et de la Paix à Jérusalem, pôle d'où rayonnera la Vérité dans l'attente de ce Sauveur promis qui doit délivrer l'humanité de ses ennemis: le vrai mal définitivement vaincu.
(2) Jérusalem se décompose en Jer et en Salem : la paix, selon Josèphe Flavius. La ville se nommait Jébus avant que les Juifs y entrassent en 1400 avant J-C, placée sous la domination des Jébuséens. David s'empara de Sion la citadelle puis il fit de Jérusalem sa capitale. Son fils Salomon y bâtit un temple magnifique en l'honneur du Très-Haut.

manière des Trois Rois Mages venus adorer Jésus Roi de Paix et de Justice.(3) Abraham dans la bible reçoit de sacerdoce de Melchisédech pour toute la terre.

L'état de pureté est une condition du prêtre. Son célibat se justifie ainsi selon une tradition romaine: le foyer sacré était confié aux Vestales. Si l'une d'elle avait le malheur de manquer à son devoir de chasteté, la ville se croyait en danger autant que si le foyer était éteint, elle était enterrée vivante.

L'aspirant à la prêtrise, à la manière des prêtres du Temple de Jérusalem hérite, en quelque sorte, des prêtres de la caste babylonienne. Leur initiation était soumise à un rite complexe de purification et d'onctions d'huiles odoriférantes agréables aux divinités. C'est le sens l'encensement.

Le prêtre est un homme consacré, c'est à dire « à part » destiné au sacrifice. Ordonné, il n'est plus de ce monde. Sans être comparé à un évêque, il est un intermédiaire entre Dieu et les hommes. Parmi les ornements sacerdotaux, le prêtre croise son étole afin de marquer sa dépendance à l'épiscope, contrairement à l'évêque qui la libère lors de son sacre. Cette obligation est levée dans l'Église Romaine conciliaire et répond à la nouvelle théologie du sacerdoce qui nous aborderons ultérieurement.

Dans son ministère, le prêtre peut être assister de diacres ou de sous-diacres, fonctions que l'on peut rapprocher dans une certaine mesure des lévites du Temple. Il s'agit d'ordres mineurs aujourd'hui disparus dans l'Église Romaine depuis le Concile Vatican II. Leur ordination est soumise d'une façon

---

(3) Ce personnage doit donc être considéré comme un symbole ou si l'on préfère appartenant au domaine de l'ésotérisme. C'est la raison première de son mystère et cela rejoint les déclarations de la Bienheureuse Anne Catherine Emmerich : « *Melchisédech appartient à ce chœur d'anges affectés aux pays et aux peuples, qui vinrent apporter des messages à Abraham et aux patriarches, et se manifestèrent à eux. Ils se tiennent juste au- dessous des Archanges Michel, Gabriel et Raphaël.*
(4) L'Église Romaine a abandonné la soutanelle rouge et le surplis romain pour une aube blanche pour les enfants de chœur, auxquels se joignent à présent des jeunes filles.

générale à celles des prêtres, hormis pour les diacres permanents pouvant être mariés depuis les réformes post-conciliaires.

Parmi les ministres, au bas de la hiérarchie, les enfants de choeur, nommés encore « *ministrants* », assistent le prêtre au service de l'autel. Ils portent des soutanelles rouges et un surplis romain blanc.(4 page précédente)

La préparation de la Messe

Afin qu'aucun aliment ne souille son corps, le prêtre à jeun se prépare à célébrer la Messe, *messis*, c'est à dire moisson. Il se présente à la sacristie, *sacrarium* (5), couvert de sa barrette noire surmontée d'une houppe, le *flammeum*, revêtu de sa soutane noire pareille à celle des prêtres de Mithra, les *hierocoraces* nommées ainsi pour leur vêtement de couleur corbeau, *(corax)*. Puis, il revêt les ornements consacrés préparés et déposés sur le vestiaire par le sacristain. Avant de revêtir l'aube blanche, l'*alba vesti*, il saisit l'amict, *amicere*,(6) sorte de voile qu'il pose un instant des deux mains sur la tête, avant de la passer sur ses épaules et la nouer autour de son cou et sur sa poitrine par deux cordelettes. S'ensuit la pose de la manipule, *manas*, que l'on portait à la main pour s'essuyer le visage.

En nouant son long cordon de lin autour de ses reins, le prêtre revêt simultanément l'étole, *stola*.(7) Celle-ci est croisée et faite prisonnière par le cordon afin de signifier que le sacerdoce du prêtre n'est pas totalement libéré au regard de celui de l'évêque, l'étole de celui-ci étant libre. Enfin, il enfile la chasuble, *capula* ou *planta,* d'origine orientale, imposée par le

---

(5) L'endroit où sont conservés les choses sacrées, vêtements liturgiques, vaisselle sacrée etc.
(6) *Amicere* signifie couvrir. Le terme est introduit au 8ième siècle pour couvrir le cou, dont les ecclésiastiques et les laïcs conservaient nus, afin de préserver la voix. Les anciens missels au 14ième siècle précisent que la prière accompagnant ce geste se faisait en baissant le cou.
(7) Elle tiendrait ses origines de l'*ephod* juive.

second roi de Rome. Ce vêtement liturgique date du 4ième siècle. Une fois déployé, il symbolise « une petite maison destiné au prêtre » et sa forme crucifère doit rappeler la croix du sacrifice qu'il accomplit.

Aux nouvelles messes la chasuble représente, par son ampleur, l'habit de berger, le prêtre étant le pasteur de ses brebis, ses fidèles.

Certains Dimanches, préalablement à la messe, l'officiant accompagné de ses ministres parcourt l'allée centrale de l'église et purifie l'assistance avec de l'eau bénite, alors que l'on entonne l'hymne *asperges me Domine*.

De retour, après avoir déposé sa chape à la sacristie, commence véritablement la Messe. Il se présente devant les trois marches menant à l'autel qui rappellent les hauteurs du calvaire, le lieu de sacrifice. Avant de monter, le prêtre s'humilie au pieds des trois marches et récite la prière d'indignité qui débute par la formule « *In introibo ad altare Dei* », « *Je viendra à l'autel de Dieu* »(8)

Aux messes solennelles, avant de poursuivre, le prêtre bénit l'autel avec l'encens en tout sens sans aucune prière. Après avoir remis l'encensoir à l'enfant de choeur ou au diacre, celui-ci l'encense trois fois avant d'encenser toute l'assistance.

---

(8) C'est en prononçant ces paroles : « Je monterai à l'Autel de Dieu -*Introibo ad Altare Dei!* » que Noël Pinot prêtre à Angers se présenta devant l'échafaud.

Le sanctuaire et l'espace liturgique

L'introït du Dimanche de la « Dédicace de l'Archibasilique du Très Saint Sauveur à Rome » nous rappelle que : « *L'église est la demeure de Dieu, un lieu redoutable et la Porte du Ciel.* » En astrologie sacrée, la Porte du Ciel est celle du Capricorne, le lieu et la direction du retour de l'astre Solaire. Les Saintes écritures précisent que *«Jacob posa une pierre de fondation ointe et l'échelle vers une ouverture du Ciel »*.

L'espace et le temps étant les caractéristiques du cadre de la liturgie, les trois Messes de Minuit à Noël au solstice d'Hiver, Porte du Ciel, et les trois autres à la Saint-Jean des Templiers au solstice d'Été, Porte des Hommes, le soulignaient. Avant la réforme liturgique de Vatican II une messe ne pouvait être célébrée que dans la période ascendante du retour de la lumière de Minuit à Midi. Ainsi ces deux messes solsticiales marquaient respectivement le nouveau Soleil et son apogée. Celle-ci annonce sa déchéance certes mais annonce en revanche son retour, en fait sa re-naissance à Noël.

Ainsi les églises construites sur le modèle de la barque furent «orientées» à l'Est vers le Soleil levant vers la « Lumière » c'est à dire vers un centre spirituel secondaire entendu Jérusalem au début du Christianisme puis vers Rome ou encore vers tout autre centre ou siège spirituel même conventionnel. Depuis les réformes des années soixante le prêtre n'est plus le timonier de la barque.

La pierre sacrée vouée au culte divin sur les hauteurs ou dans les vallées saintes marquait le point d'intronisation des souverains, comme ce fut le cas de la *Liafail* ou la Pierre fatale des rois de l'ancienne Irlande. Ainsi la pierre du « Bas » symbolisait la Terre et la pierre du «Haut» le pouvoir divin. C'est le sens du symbole et de la relation entre le microcosme et le macrocosme.

Ainsi on aura rencontré au cours de nos périples certaines paroisses (villages) portant un nom identique précisé de «haut» pour l'un et de «bas» pour le second. Le profane aura compris cette distinction comme une précision géographique de deux lieux apparemment séparés. Or ces villages en duo, osons dire, sont les héritiers de centres sacrés anciens dont le plus bas géographiquement était dépendant (canoniquement pour le christianisme) du plus haut.

Les constructions des temples du christianisme oriental furent toutes naturellement édifiées selon les symboles de la Tradition Primordiale. Le carré et le cube symbolisent respectivement la Terre et le Ciel. Ces églises furent souvent dans leurs formes et par leur conception proches des temples des religions voisines ou passées. On remarquera que la Tradition Islamique, postérieure au Christianisme, a tout naturellement repris les principes traditionnels de toujours qui présidaient à la construction des édifices voués au culte divin, c'est-à-dire généralement un cube sur lequel se pose une coupole. Nos simples villages oubliés eurent leurs heures de gloire comme en témoignent leur structures symboliques.

L'église est donc ce lieu terrible, la Porte du Ciel, mis en correspondance avec l'Univers comme le rappellent les douze piliers, les douze apôtres, les douze constellations de l'univers.

Cela n'est pas sans rappeler les Douze Nuits Saintes entre Noël et l'Épiphanie, symboles de la construction d'une nouvelle humanité chrétienne, où le « Pain de vie » l'Eucharistie réside au centre de la *Shekinah* Chrétienne c'est à dire le Tabernacle ou le Soleil, devant la pierre carrée symbole de la Terre. L'abside demie sphérique rappelle la voûte céleste. Sortis de l'abside aux limites de la nef se situent à gauche l'autel de la Vierge symbolisant la Lune et à droite l'autel de Saint-Joseph symbolisant l'étoile géométrique. Joseph le charpentier, l'architecte de la voûte céleste, reste pour cette raison le saint patron de l'Église Universelle. Au cours de l'Eucharistie brûlent six cierges symboles des planètes solaires et à leur centre la Croix, le grand soleil au-dessus du tabernacle et des saintes espèces. La forme semi-sphérique de l'abside figure le cosmos.

Le Sanctuaire

Ce qui s'y accomplit n'est nullement une cérémonie mais un rite. Le temple ou l'église n'est autre que le coeur de l'homme dans le coeur de Dieu. Le sanctuaire est le microcosme du macrocosme. Ce qui s'y produit c'est l'union d'une communauté avec Dieu, le coeur prit comme centre ne peut être multiple. L'église est le Royaume en raison des liens qui unissent le microcosme et le macrocosme. Entrer dans une église c'est procéder à une mission cosmique et celle-ci commence déjà quand on s'apprête à partir à la Messe et tout au long du chemin jusqu'au coeur de l'édifice. Au cours du chemin nos pensées se concentrent sur notre acte de marcher vers l'église et il se peut que nous entendions résonner les cloches de plus en plus fortement au fur et à mesure que nous nous approchons d'elles, tel un terrible ébranlement cosmique. Le chemin doit rappeler les paroles du Christ « *Je suis la voie* » et l'acclamation « *Béni soit celui qui vient au nom du Seigneur !* ». Ainsi aurons-nous admis que certains cortèges ou processions se déroulent en dansant ou en effectuant par exemple trois pas en avant et deux pas en arrière comme c'est le cas dans certaines régions.(1)

« La marche devient comme une danse rituelle et c'est là le sens profond de toute procession ou de tout pèlerinage. » (2)

Ces originalités que l'on retrouve ailleurs n'ont pas forcément leurs origines dans le Christianisme. L'homme en franchissant la porte de l'église retourne à son origine, à la manière de tout pèlerinage ou toute circumambulation qui s'achève de la même manière : le retour vers Dieu comme de l'*inspir* et l'*expir* du coeur sacré de Jésus. Tout est ordonnancement et c'est un des principes de la liturgie. Là se trouve l'autel-sacrement placé en correspondance avec l'Autel Céleste autour duquel va se dérouler la liturgie de la Messe, le renouvellement du Sacrifice du Calvaire. Nous songeons alors à l'échelle de Jacob, la Porte du Ciel, vers laquelle montent et descendent les anges, ce qui fait sourire nos contemporains.(3) Le canon romain nous rappelle au moment de l'encensement de l'autel par le prêtre :

« Ordonnez (Seigneur) que ces offrandes soient portées par les mains de votre saint Ange sur votre sublime autel, en présence de votre majesté divine. » (4)

Cet autel céleste selon Isaïe 60, 7 est nommé « *Agrément* ».

La construction d'une église répondait à de nombreuses règles. Notre excursus nous en donne quelques exemples, qui entendu, pour beaucoup ont évoluées ou n'existent plus avec le temps. Généralement orientée vers le Sud, la lumière d'Orient, est celle de la résurrection du Christ un Dimanche matin.

---

(1) C'est le cas notamment à Echternach au Grand-Duché de Luxembourg lors de sa célèbre procession du Lundi de Pentecôte.
(2) Selon Nicolas Boon dans « Au coeur de l'Écriture » chez Dervy Livres 1987.
(3) Le judaïsme et l'Islam, voir le Tao, auraient beaucoup à nous apprendre ou à nous rappeler.
(4) Ces paroles ont été supprimées dans le nouvel ordo conciliaire.

> « *O Oriens , splendor lucis aeternae, et Sol justitiae : veni, et illumina sedentes in tenebris et umbra mortis.* »
> « Ô Orient ! splendeur de la lumière éternelle ! Soleil de justice ! venez, et illuminez ceux qui sont assis dans les ténèbres et dans l'ombre de la mort. » (5)

Le carré et le cube symbolisent la Terre. Le cercle ou la sphère symbolisent le Ciel. Les églises furent souvent dans leurs formes et leurs conceptions proches des temples des religions voisines ou passées. On remarquera que la Tradition Islamique, postérieure au Christianisme, a tout naturellement repris les principes traditionnels de toujours qui présidaient à la construction des édifices voués au culte divin, c'est-à-dire généralement un cube sur lequel se pose une coupole.

On comprendra mieux ainsi la construction et l'orientation du maître autel sur lequel (au cours de l'Eucharistie) brûlent six cierges symboles des planètes solaires et à leur centre la Croix, le grand soleil au-dessus du tabernacle et des saintes espèces. La forme semi-sphérique de l'abside figure le cosmos. Nous redécouvrirons plus en détails dans un chapitre prochain, à propos de l'Offertoire et du Canon de la Messe, les différentes étapes de la présentation des oblats par le prêtre vers les quatre directions de l'univers.

La pierre de sacrifice, l'autel

Les autels chrétiens sont de véritables pierres de sacrifice carrées longues marquées au centre et dans chacun des quatre coins d'une petite croix noire, pour symboliser la Terre et ses points cardinaux avec son centre solaire. La croix centrale par son emplacement est placée en correspondance avec la pierre angulaire à la clef de voûte du dôme ou de l'abside. Comme la

---

(5) La cinquième antienne chantée le 21 Décembre au Solstice d'Hiver.

Pierre de Luz de Jacob, la pierre de sacrifice est ointe et lustrée. Dès le quatrième siècle les papes ont demandé à ce que les autels soient consacrés.

Au centre, proche de l'avant, l'évêque consécrateur réalise un véritable travail de maçonnerie et y incruste la pierre d'autel. Les païens célébraient souvent un repas funèbre sur les tombes mêmes des défunts, cette pierre d'autel, nommée également pierres de mémoire, en est-elle l'héritière ? Elle accueille dans une petite cavité, comme un tombeau, des reliques saintes, déposées par l'évêque lui-même, afin de rappeler l'Apocalypse de Saint-Jean 9, 6-10 :

> « Je vis sous l'autel les âmes de ceux qui furent égorgés par la Parole de Dieu .»

De même elle fait référence au Livre d'Hénoch 39,4 :

> « Et là, à l'extrémité des cieux, je vis une autre vision : les habitations au milieu des saints, des anges de sa justice, et leurs lits de repos au milieu des saints ; ils demandent, ils intercèdent, ils prient pour les enfants des hommes, et la justice coule comme l'eau devant eux, et la Miséricorde. »

Ces pierres d'autel symbolisent encore l'autel céleste ou le « Lit de Salomon ».

Lors des messes, elles sont recouvertes du corporal, un linge fin de lin, image du végétal nécessaire à la vie et qui recouvre la Terre.

> Ce corporal végétal peut être rapproché des coutumes des abbayes chartreuses. Les tombes se situaient au croisement central près de la grande croix. C'est un emplacement hautement symbolique, c'est le carrefour des changements d'états. Elles s'alignaient à l'écart de l'aire des cellules des moines. Un gazon symbolisait la prairie céleste. Éventuellement des arbres fruitiers y poussaient afin de rappeler le rythme des saisons : la mort et le repos hivernal, la renaissance et la floraison du printemps, la vie passagère et les fruits de l'Été.

Trois nappes de lin revêtent l'autel en permanence. En arrière au centre se trouve le tabernacle surmontée d'un crucifix et de trois chandeliers à gauche et à droite.

Les réformes liturgique suite au Concile Vatican II, ont retiré du centre du maître autel le tabernacle afin d'isoler les saintes espèces ou la présence réelle du Christ de l'autel pour permettre « une nouvelle arrivée » du Christ au cours d'une messe.

*

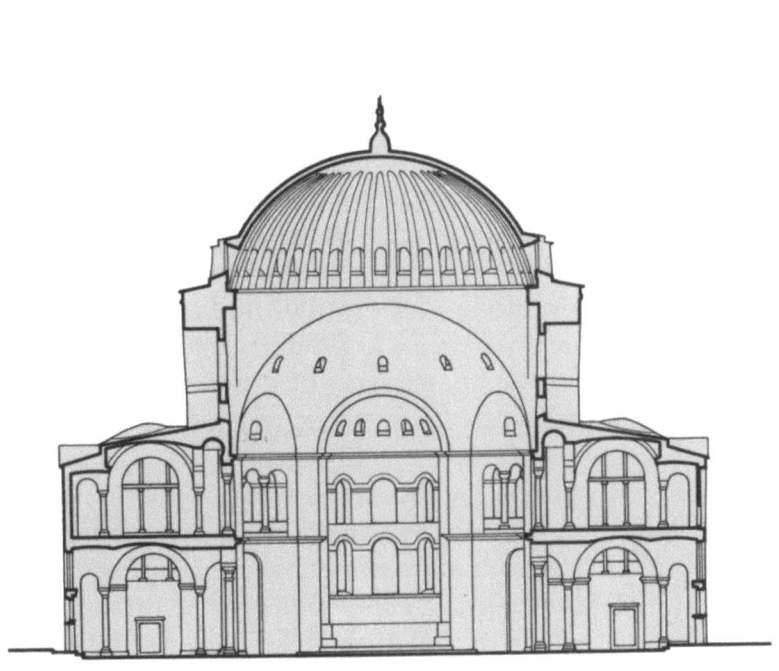

Sainte Sophie Constantinople

La Liturgie

Sans entrer dans de longues définitions qui finissent toutes par s'opposer, la tradition conserve un savoir hérité et enrichi au fil du temps, à la manière de la sagesse. Quant à la modernité, comme son étymologie « *modus* » le révèle, elle prend le sens de « mode » et signifie implicitement progrès, s'opposant à la « permanence ». Les deux termes pris au pied de la lettre aboutissent à un paroxysme destructeur. En fait il s'agit de deux comportements. Le premier, le moderne, conçoit un temps linéaire sans fin et le second, le conservateur traditionnel, un temps cyclique et une fin des temps certaine pour un renouveau. Concevoir la tradition fixe et inamovible serait courir à sa perte ou à son dessèchement, comme le figuier dans l'Évangile, symbolisant l'état de la liturgie du sacrifice du Temple de Jérusalem.(1) La liturgie est vivante à l'exemple même de la tradition.

---

(1) La langue allemande traduit « les gens » par « *Leute* ».

La liturgie est symbole

Le mot tient ses origines du grec *leitos* qui signifie « les gens » ou le public. La liturgie est parole. L'oralité est le moyen d'expression premier et principal de l'être humain. Sa conscience, son intellect et sa raison commandent ses facultés subtiles et psychiques et font de l'homme un être complexe qui lui permettent de trouver, d'un point de vue cosmologique, de nombreux autres moyens d'expression. La langue allemande traduit ce mot par *ausdrücken* c'est en fait exprimer. Toute Vérité ou tout mystère ne trouve pas forcément leur traduction dans le langage. Ne dit-on dans ce cas : « *Je ne trouve pas mes mots* »? C'est le cas de certaines de nos pensées qui surgissent de notre intellect. La vérité pure n'a pas de mot. Les vérités sont inexprimables. Aussi le symbole permet de suggérer par des sons ou de la musique, des paroles, des écrits, des croquis, d'expressions picturales, des gestes, des danses, des regards etc. Le langage est symbole, c'est à dire un moyen naturel de transmission ou d'enseignement à l'aide de conventions que la parole ou l'écrit ne peuvent traduire totalement ou par le moyen de symboles. Cependant le symbolisme répond à des règles, comme c'est le cas dans la liturgie, celle-ci est ordonnancement et par conséquent intelligente, fruit de notre intellect, souvent inspiré par l'esprit.

La liturgie est enseignante ou pédagogique

Elle a pour but de réunir dans une expression commune les fidèles d'une religion d'une même foi et doctrine. La liturgie est prière en accompagnant souvent la parole et permet de fixer la foi, selon la locution latine « *Lex grandi, lex credenti* »(2). Sa

---

(2) « *Lex orandi, lex credendi* » : cette phrase signifie que les textes de nos prières sont l'expression fondamentale de notre foi. Ce ne sont pas simplement des mots pour faire progresser l'action liturgique.

codification est comparable à celle d'une grande langue, comme le catéchisme tient son origine du latin *cata* qui signifie en bas, c'est à dire en amont de la pratique religieuse. Ce mot latin venant du grec ancien *Katékhein* signifiant résonner et inculquer oralement.

La liturgie est un rite, c'est à dire un symbole en mouvement. Il s'agit donc d'un langage ou d'une expression par conventions déjà citées : sons, musique, chants, langue liturgique, images, statues, vitraux, lectures, prônes, bénédictions, cérémonial, crucifix, cierges, habits liturgiques, couleurs, etc.

Par exemple, les couleurs nationales, quelles que soient leurs origines, expriment une appartenance à une nation et aux valeurs qu'elle professe. Changer les couleurs nationales d'un pays est un acte très fort, c'est inviter les nationaux à croire en d'autres valeurs nationales. Le pavillon tricolore français rappelle les valeurs qui unissent les citoyens à la République. Il en est de même pour la monnaie. Une nouvelle monnaie donne lieu à l'émission de signes monétaires nouveaux qui font appel à la confiance des utilisateurs. Cela réclame une longue et difficile pédagogie.

La liturgie un langage codifié ?

Comme tous les langages, la liturgie se déroule selon une convention ou une codification précise comparable à l'apprentissage d'une langue. Dans ce cadre, elle peut être considérée comme une langue commune codifiée : non seulement par le latin, la langue universelle, mais aussi par les nombreux rites inscrits aux rubriques de l'ordo de la Messe. Modifier fondamentalement la liturgie c'est modifier le sens des mots et des actes et donc la foi qu'elle exprime. Aussi faut-il un langage commun à la liturgie, ce fut le latin. En modifiant profondément la liturgie, l'Eglise modifie profondément son enseignement et sa doctrine.

Anecdote

Mgr Dupont des Loges, évêque de Metz des années 1850 refusait à la demande des autorités françaises d'imposer aux curés des paroisses mosellanes germanophones les prônes et l'apprentissage du catéchisme en français. Le prélat rappela au gouvernement français que l'on ne peut pas enseigner la foi d'un croyant, autrement que dans sa langue maternelle. (Les mots prononcés sont « images »).

L'intelligence de la liturgie

La liturgie catholique traditionnelle a puisé dans les traditions antiques mais surtout dans le judaïsme les éléments qui composent sa richesse. Cet ensemble possède toutes les possibilités de la « Connaissance » réelle. C'est à dire l'union du sujet et de l'objet, selon le Père Nicolas Boon, auteur d'un remarquable livre nommé « Au Coeur de l'Écriture » qui ajoute :

> « Intelligence signifie en latin « *intus legere* », c'est à dire « lire de l'intérieur ». Ce terme est ontologique, car il nous nous mène au centre des choses qui n'ont qu'une réalité avec le seul vrai : l'UN. « Le cœur est le siège de l'intelligence et le trône du verbe divin ». D'où la nécessité d'une interprétation quasi ésotérique que représente le symbole qui implique une notion d'Universalité le sens même de « Catholique ».
>
> « La méthode en ce sens garantit non seulement la virginité de l'intelligence (de la liturgie), mais encore sa fécondité. Quand nous parlons d'intelligence humaine coupée de l'Intelligence divine, nous prétendons que toute intelligence, si elle ne veut pas se déshumaniser doit être insérée dans un corps traditionnel. C'est cette tradition qui a garanti l'authenticité de tout ce que les Pères et Docteurs de l'Église ont enseigné jusque là. »
>
> « Nous attachons une importance toute particulière à la lettre, soulignons que l'alphabet grec est issu d'une tradition sémite, mais il a perdu cette signification. Chaque lettre hébraïque a une signification propre à la langue hébraïque. »

« Le but de notre étude : montrer que le moindre geste, la moindre parole ne peuvent être considérés en dehors de ce milieu vital que nous appelons rite. »

« C'est pour cette raison que nous nous référons continuellement à la langue sacrée qu'est l'hébreu, car c'est à l'intérieur de cette langue que disparaît toute antinomie entre l'esprit et la lettre. Elle est invitation permanente à l'intériorisation, contemplation dans le pur amour. Cette langue invite continuellement l'homme à devenir lui-même par son être entier, transparence à l'Esprit qui est Lumière. »

Lecture rituelle des textes sacrés

Le lecteur doit être doté des capacités, des connaissances suffisantes, mais aussi de la foi indispensable à cet acte. Il n'est que l'interprète du verbe divin. Ce n'est pas lui qui parle mais Dieu lui-même, en cela il agit au Nom de Dieu.

Le cœur est le siège de l'intelligence disions-nous, ainsi que le trône du verbe divin. Le lecteur doit en être digne, mais aussi avoir connaissance de l'intention divine, c'est à dire de sa sagesse. Les actes ne valent que par leurs intentions. Dieu ne reconnaît pas ces actes en eux-mêmes, mais, seulement le cœur de celui qui les accomplit. La sagesse est le secret de Dieu et son ministre ne peut avoir la connaissance « que par son secret ».

La lecture des textes sacrés ne revient qu'aux prêtres. Les laïcs et les clercs non ordonnés ne peuvent exercer cette fonction.

Enfin, la seule garantie contre l'hérésie, c'est le retour de la métaphysique chrétienne, c'est à dire de l'ésotérisme chrétien.

La Messe des catéchumènes

La messe sacrificielle est précédée de celle des catéchumènes destinée jadis aux candidats au baptême. Celle-ci achevée, ils quittaient l'église. Les prières au bas de l'autel achevées, après le chant de l'Introït, interviennent le Kyrie, (seigneur en grec), le Gloria puis les lectures des Épîtres et des textes de l'Ancien Testament et enfin des Évangiles. Ce premier temps est celui de la préparation et de la purification. C'est aussi le temps de la reconnaissance de la royauté de Paix et de Justice du Christ.

Le chant du Gloria de la Messe

Le Gloria est introduit par le pape Etienne successeur de Grégoire et admis par ordonnance de Charlemagne. Il s'agit d'une louange antique souvent modifiée par les différents conciles du début du Christianisme Constantinien.

À Bethléem le ciel s'entrouvrit dans la nuit de Noël pour laisser chanter les anges aux Bergers: « *Gloria in excelsis Deo, et in terra Pax hominibus bonae voluntatis.*(1 page suivante)» C'est ainsi que l'avènement du Seigneur Emmanuel, Roi de Paix et de Justice, en hébreux *mal'ak-Malakim* proche de Mikaël ou de

Melchisédech est annoncé sur la Montagne. Le chant du *Sanctus* (trois fois saint) avant la consécration est indissociable du Gloria. Dieu est Saint dans les Trois Mondes, trois fois saint dans le Ciel, le Monde intermédiaire et sur la Terre. Voir le Corps Mystique du Christ.

Gloria, la gloire, se rapporte à l'aspect divin du Ciel et *Pax* au monde terrestre. Le Christ souvent représenté dans la scène du Jugement Dernier, élève sa main droite de Paix et baisse sa main gauche de Justice. La main du Jugement et de la Paix est un attribut essentiel des centres spirituels établis en ce monde (*in terra*). Mais il ne s'agit pas d'une paix au sens profane du mot, bien entendu, comme le rappelle : Jn, XIV, 27 :

> « Je vous laisse ma Paix, je vous donne la Paix ; ce n'est pas comme la donne le monde que moi je vous la donne.»

Ces paroles du Christ sont à nouveau reprises par le prêtre après le triple « *Agnus Dei,* Agneau de Dieu », peu avant la Communion. De même, le chant du *Sanctus*, après la Préface, débute par les « trois fois Saints » suivit du *Benedictus*, également d'origine juive chanté lors du *Quiddouch*. La structure du Gloria est basée sur cette même triplicité. Le Christ est hors du temps passé, présent et à venir : IHVH est Roi, IHVH a régné, IHVH règnera. Il s'agit de la Gloire de Dieu.

> Le nouveau rite conciliaire a supprimé le signe de croix du prêtre en entonnant le *Benedictus*.

Cette gloire, dans le Ciel, ne peut se réaliser que par la Paix sur Terre. La triple sainteté expose la gloire de Dieu par une totale adhésion du cosmos tout entier. Cela explique la

---

(1) Le Psaume de David rappelle :Ps LXXXV, 11 : « La Bonté et la fidélité se sont rencontrées, la justice et la Paix se sont embrassées». (Le passé et l'avenir d'Israël – consolation dans le présent.)

solennité du Gloria, notamment au cours de la Messe du Jeudi-Saint et dans celle de la Veillée Pascale, après les trois jours de silence. Celui-ci est rompu dans cette nuit pascale par les cloches restées muettes durant le *Tritium*. Elles sonnent de nouveau à toute volée. Alors l'union du Ciel et de son bas la Terre, son principe marque l'accomplissement de la Paix. *Schalom* est son nom en hébreu, proche d'un autre mot *Sulam* qui signifie échelle : celle de Jacob qui relie les deux pôles que sont la Terre et le Ciel. *Schalom* est l'agrément supérieur, le Ciel, l'apaisement du bas, la Terre, l'agrément inférieur. Ce dernier contient la condition ou la notion de bonne volonté.

> Salomon (*Shlomoh*). Son nom est dévié de Salem, qui signifie « le Pacifique (la Paix ». Nous retrouvons la désinence Salem dans Islam ou *Moslem* (musulman), qui signifie la volonté divine. Il est dit que la condition divine est nécessaire à la Paix, rappelée dans la prière du *Pater Noster* et dans la définition première de l'Islam : la soumission à Dieu (Que ta volonté soit faite !) (2)

La suite du Gloria : *Laudámus te,* (nous te louons) *benedícimus te* (nous te bénissons) *adoramus te* (nous t'adorons), *glorificámus te,* (nous te glorifions) sont les marches de l'échelle de Jacob de montée au Ciel.

Gratia agimus tibi propter Magnam gloriam tuam, « *Nous vous rendons grâces à cause de votre gloire infinie* » : c'est l'action de grâce. Il s'agit de l'Eucharistie, c'est-à-dire tout le contenu du

---

(2) De même la foi, celle des chrétiens, n'est pas seulement une condition subite d'adhésion sentimentale au Christianisme, mais une condition et une soumission à la volonté de Dieu, comme le définit parfaitement le mot féodalité venant du latin *fides* : la relation d'amour du vassal à son seigneur ou encore le Pater Noster (*'amr*). Il s'agit de *l'amr*, mot arabe, noté par Jean Tourniac dans son ouvrage Melchisédech à propos de la prière universelle qui signifie « Le commandement, le précepte divin, la volonté du créateur. Le Commandement est un symbole divin, dans la mesure où il rend compte de la Parole de Dieu. La parole de Dieu est un acte en soi ».

Sacrifice de Jésus-Christ, comme la suite du Gloria le précise : *Seigneur Dieu, Roi du monde, Seigneur Dieu, Agneau de Dieu qui effacez le péché du monde...* .

Le Gloria s'achève par le *trisagon* : Vous êtes le seul Saint, le seul Seigneur, le seul Très Haut avec le Saint-Esprit dans la Gloire de Dieu le Père. Amen.

Le prêtre se signe à ce moment entre les mots « Saint-Esprit » et ceux de « dans la Gloire de Dieu le Père » :

> « Car c'est par la puissance du Saint-Esprit que tout est placé dans la Gloire du Père. La Croix est dans l'univers, signifiant le Ciel et la Terre, symbole de la Croix parfaite où les six directions se résorbent dans l'Unité du Centre, ce centre est la Gloire et la Paix unies. Ce centre signifie le Jour UN » Nicolas Boon dans «Au coeur de l'écriture.

L'axe Zénith-Nadir représente la révélation de la Gloire du Père venant d'en Haut et la Glorification de ce qui est en bas.

La croix forme les quatre points cardinaux du monde. L'Est (l'Orient): c'est la source de toute forme d'où surgit la lumière. Ainsi le prêtre et les fidèles se tiennent face à l'Autel situé au centre de la Croix dirigée vers l'Orient. L'axe vertical Zénith-

---

(3)Toute tradition possède son centre spirituel, un point fixe qu'elle s'accorde à désigner symboliquement comme un pôle, puisque c'est autour de lui que s'effectue la rotation du monde, représentée généralement par la Roue chez les Celtes aussi bien chez les Chaldéens et chez les Hindous ou encore par le symbole du svastika. Plus près de nous les Chartreux avaient adopté la devise : « *Star Crux dum volvitur orbis* : La Croix demeure, tandis que le monde tourne ».

Note à propos de la traduction française du nouveau rituel : texte latin. 1-Gloire à Dieu, au plus haut des cieux, et paix sur la terre aux hommes qu'il aime, au lieu de bonne volonté. Cette traduction prête à confusion : « *Paix sur la terre aux hommes qu'il aime* » vise tous les hommes sans exception certes. Mais il s'agit en fait d'un commandement : le précepte divin et la volonté du créateur. Nous te louons, nous te bénissons, nous t'adorons, Nous te glorifions, nous te rendons grâce, « *pour ton immense gloire* », au lieu d'infinie. Pourquoi avoir rejeter le texte d'origine de l'Église de « *gloire infinie* » par « *immense* » qui signifie indéfinie et replace cette gloire dans une dimension moins cosmique et plus humaine ?

Nadir passe très symboliquement au centre de la pierre d'autel, de telle sorte que l'Orient est la vision du pôle suprême. Voir chapitre « L'église, un lieu redoutable ».

Le temple chrétien, l'église de tout village, est un écho ou le microcosme de l'Église Universelle ou du Corps Mystique du Christ. Rome est ce point central où réside le pasteur suprême, le pape, Rome ou Jérusalem qui par la volonté du Christ bénéficie des grâces de l'Esprit-Saint. (3 page précédente)

> Les réformes liturgiques engagées suite au Concile Vatican II ont modifié profondément l'aménagement liturgique des églises, notamment en retournant les autels face aux fidèles dos à l'orient.

Quelques définitions

Les principaux objets sacrés propres à l'acte sacrificiel sont la patène et la coupe (le calice). Cette dernière se rapporte à la patène, comme le Ciel se rapporte à la Terre. Dorée à l'or fin à l'intérieur, elle reçoit le vin qui deviendra le Sang du Christ. La patène, analogue à une assiette plate légèrement concave, présente un diamètre de cinq à 6 pouces (environ 14 cm). Également dorée, elle reçoit le pain destiné à devenir le Corps du Christ. Patène vient du latin *patens* qui signifie ouvert ou déployé. Ces deux objets liturgiques sont consacrés par l'évêque.

> « Le calice, symbole, cesse d'être un objet purement utilitaire. Il devient transparence nous permettant de voir, à travers lui l'invisible. Il remplit une fonction aux dimensions cosmiques et métaphysiques et devient une véritable clef qui ouvre la porte donnant sur ce que la Liturgie appelle « Le Mystère de la Foi - *Mysterium fidei* ». Abbé Boon « Au cœur de l'écriture ».

Le pain azyme

C'est le pain des pauvres et du peuple en exil. Salomon convaincu que son statut l'autorisait à négliger la nécessaire rigueur avec soi-même en toute chose, Dieu pour le ramener à ce principe, l'obligea à mendier. Le pain quotidien vise le pain de l'épreuve, du pauvre par conséquent, qui deviendra le pain des délices.

À l'offertoire, le prêtre présente à Dieu le pain, l'hostie sur la patène. Celle-ci est apparentée à la Terre, aussi l'officiant la tient des deux mains avec les seuls pouces et index de façon à rappeler les quatre directions cardinales.

La valeur numérique du pain en hébreu est 78, Lch M – *lechem*, soit six fois 13, c'est-à-dire les six jours de la création et leurs six directions, plus le centre : le verbe créateur. Dans la prière du Pater, le pain occupe la place centrale des six demandes. Celles-ci sont formulées par trois, et par analogie inversée répondent au principe : « *ce qui est en haut est en bas* ». Nicolas Boon précise:

> « Le pain signifie la connaissance. Le rompre c'est l'enseigner et partager la doctrine » et aussi :« L'homme ne vit pas seulement de Pain, mais encore des paroles qui sortent de ma bouche. Pour celui qui le sait : la Parole est le Pain et le Pain est la Parole ».

Les six demandes du Notre Père sont le rayonnement de la demande centrale : point d'origine et point de retour. Ce qui est demandé, c'est le Christ lui-même. Les six demandes résument le désir de se nourrir.

Le pain destiné à l'Eucharistie est un pain pur et sans levure ou plutôt sans apport extérieur impur à la farine et à l'eau. Le levain est considéré comme une putréfaction par ses fermentations.

> « Gardez-vous du levain des pharisiens et des Sadducéens ! » Matthieu 16, 11 – Marc 8, 15.

Et dans l'exode 12, 15-20, Dieu dit :

> « Pendant sept jours, vous mangerez du pain sans levain ».

Dans Matthieu 13, 33, le Christ expose une parabole :

> « Le Royaume des cieux est semblable à du **levain** qu'une femme a pris et mis dans trois mesures jusqu'à ce que la pâte soit levée ».

Les trois mesures de farine sont le corps d'Adam à l'état de la perfection, fait à Son Image et à Sa ressemblance (du Créateur). Une mesure vaut un jour. « Ressemblance » possède la même valeur que « Sanctuaire », le corps est un « temple ». Ils correspondent au nombre 444, c'est-à-dire aux Trois Jours. Or, Adam ayant chuté :

> « Mais son corps est devenu une masse farineuse à la merci de tous les princes et de toutes les puissances immondes et extérieures d'où ils projetaient leur ferment en lui. » (*Kabballa Denudutata*).

Il faudra trois jours à Adam pour se relever. À rapprocher de la mort et de la résurrection de Jésus : « *Détruisez ce temple et en trois jours je le relèverai* » - Jean 2, 19-21.

Les trois mesures de farine sont les facultés de l'homme : le principe psychologique, l'aire spirituelle et l'âme noétique ou le mental (*mens*). Il semble paradoxal, même contradictoire, dans la parabole de Matthieu que le Christ cite le levain, alors que celui-ci se présente comme un élément impur. Or, il s'agit d'un autre levain, l'élément « royal » celui qui couronne les rois, celui avec lequel ils sont oints : l'huile. Le Christ était l'Oint. L'huile est considérée dans l'Évangile comme un autre levain ou d'un autre élément extérieur, mais d'un levain favorable.

> L'huile, SchMN – *Schemen* est pressée avec le Saint Nom M SchCH, *meschach*. L'huile est le contraire du levain : M Z *chametz*. L'huile possède une part au Saint Nom : *meschach*, analogie inversée de *chamez*, le levain.

La semence

Nous constatons encore une particularité dans le mot hébreux *Schemen*. Le hasard de la linguistique le rend proche de mots d'origine latine, méditerranéenne : *semen*, c'est-à-dire semence, que l'on retrouve dans des langages germaniques : *semen* qui signifie semer comme en français. La semence du blé produira la nécessaire farine du pain. Sa parenté avec « filiation » est évidente. Et c'est bien Jésus le fils de Dieu, l'Oint qui reçut l'onction par l'huile. L'oint en hébreu : *Messiach*, proche d'huile *Meschach*. Luc 8. 11 « *La semence est le verbe de Dieu et le pain résume tous nos besoins en un seul qui est Sagesse.* » Et ce blé moulu, devenu farine, une pâte nouvelle est passé au feu, c'est un pain parfait. Jacob et ses fils étaient la semence légitime sans défaut : Psaume 110 :

> « De l'Aurore, comme la rosée, je t'ai engendré. Tu es prêtre pour l'éternité, selon l'ordre de Melchisédech ».

À la pâte à pain on ajoute du sel. Ce mot en hébreu s'énonce M L Chm *melach*. Celui-ci possède la même valeur numérique que le pain. On offre à l'hôte le pain et le sel avant de l'introduire dans la maison. La valeur numérique du mot « Introduit » H B I A N I *heviani* est 78. L'hospitalité et le pain sont une seule et même chose. La Maison du Pain, celle-ci se nourrit de la Sagesse encore cachée en hébreu se nomme *Bethlechmem*.

Le prêtre au baptême du bébé ou du catéchumène dépose sur la langue le grain de sel en disant : « *Recevez le sel de la Sagesse* ». Le pain et le sel forment la nourriture nécessaire qui fortifie avant d'entrer dans l'autre Jardin celui de la Sagesse. Uni au pain, le sel est donc bien la doctrine et la saveur de celle-ci. Ainsi Jésus a dit : « *je suis le pain vivant descendu du ciel , vous êtes le sel sur la terre* » Le binôme Ciel - Terre est analogue à la relation Pain - Sel, qui se rejoignent grâce au Verbe.

Le Vin de Messe

Le vin de messe doit expressément être naturel. Comme tous les vins, il provient du jus de raisins, dont les grains après les vendanges commencent à fermenter et cela est une condition importante. Tout produit chimique est prohibé par le droit canon.

> Abbé Boon – Au cœur de l'Écriture - page 177 « Ce qui nous fera comprendre en même temps que la boisson sacrée, qui est ici le vin changé en sang du Christ, est bel et bien en concordance avec toutes les autres traditions qui admettent toutes la boisson d'immortalité. »

L'eau

L'eau de source ou du puits est préférable à tout autre eau et sont exclus les eaux minérales et pétillantes. Rappelons que tout élément offert à Dieu doit être pur, sachant que c'est un don même de Dieu, tel qu'Il l'a créé.

Cette eau sera versée très modestement dans le vin avant le moment de l'offertoire. Cette action symbolique représente la part du peuple admis au sacrement et uni au Christ au moment de la consécration.

Selon Saint Cyprien, père de l'Église au 3ième siècle: « *offrir seulement du vin à Dieu serait exclure le peuple des baptisés du mystère de l'Eucharistie* ».

La coupe un symbole universel

Le calice en étroite relation avec le cœur du Monde symbolise l'homme parfait en tant que médiateur entre le Ciel et la Terre. Dans l'ancienne *Berakoth* juive, la coupe est désignée par « Lit de Salomon ». Dans la messe la coupe repose sur la pierre de l'autel et prend pleinement le symbole du Lit de Salomon ou du Trône sacré qui embrasse le Nord, le Sud, l'Est et l'Ouest.

La coupe est de même valeur numérique que le pain, LCHM, *lehem,* soit 78, c'est-à-dire 6 fois 13. Ce nombre représente les 6 jours de la création issus de «Un» et les six directions de l'espace issues de «Un», c'est-à-dire six fois 12 et «Un».

> « Dans les hiéroglyphes, l'écriture sacrée, où souvent l'image de la chose représente le même qui la désigne, le cœur ne fut cependant figuré que par son emblème : le vase. Le Saint Graal est en effet la coupe qui contient le précieux sang du Christ, et qui le contient même deux fois, puisque cette coupe servit d'abord à la cène, et qu'ensuite Joseph d'Arimathie y recueillit le sang et l'eau qui s'échappaient de la blessure ouverte par la lance du centurion Longin au flanc du rédempteur. Cette coupe se substitue donc, en quelque sorte au Cœur du Christ comme réceptacle de sang, elle en prend pour ainsi dire la place et en devient comme un équivalent symbolique, et n'est-ce pas encore plus remarquable dans ces conditions, que le vase ait été déjà anciennement un emblème du cœur ? D'ailleurs, la coupe, sous une forme ou sous une autre, joue, aussi bien que le cœur lui-même, un rôle fort important dans beaucoup de traditions antiques, puisque c'est de ceux-ci qu'est venu ce qui constitua le fond même ou tout du moins la trame de la légende du Saint Graal. » (1)

Le Graal est à la fois un vase, *grasale,* et un livre *gradale* ou *graduale.* Il y a là certainement un rapport avec le fait que les Protestants considèrent « eucharistique » la présence du livre des saintes écritures ouvert sur leurs autels.

Le mot égyptien *hor*, qui est le même que *Horus*, signifie cœur. L'*Hor* égyptien est équivalant à *cor*, cœur en latin et *horus* équivalent à cœur du monde.

Une grotte, une cavité dans une montagne, symbolise le

---

(1) Rappel. Abbé Boon – Au cœur de l'Écriture - page 177 « *Ce qui nous fera comprendre en même temps que la boisson sacrée, qui est ici le vin changé en Sang du Christ, est bel et bien en concordance avec toutes les autres traditions qui admettent toutes, la boisson d'immortalité.* »

cœur et celui-ci la coupe. La caverne de la montagne figure le centre du monde, le lieu de rencontre avec Dieu et le microcosme. Elle est le lieu de rencontre où l'on se sépare de l'ancien pour le neuf, du renouveau. C'est la raison précise pour laquelle dans les églises les crèches de Noël prennent la forme d'une grotte de montagne.

L'Offertoire
Face au nouvel ordo

On sous-estime souvent la portée de cette rubrique qui conditionne la validité de la consécration des oblats présentés à Dieu pour leur agrément, qui deviendront le Corps et le Sang de Jésus. Le prêtre présente l'hostie avec chaque pouce et index de façon à former les quatre directions. Par ce sacrifice une nouvelle vie nous est promise : la Paix par l'Union à la manière de celui de Melchisédech.(1) L'offertoire représente donc l'instant où le pain et le vin sont retirés du profane pour être voués à Dieu. C'est le sens du sacré, analogue à celui du prêtre et de son sacerdoce, qui s'offre en victime « *in persona Christi* ». Puis il récite le psaume 140 2-4. Après avoir présenté l'hostie, il trace une croix avec la patène et dépose l'hostie à présent consacrée sur le corporal. Cela possède d'une double signification : le pain et le vin sont dès lors retirés du monde profane. Ainsi les tracés des croix symbolisent aussi les quatre directions de l'espace : désormais le pain et le vin s'identifient à l'espace. C'est une véritable sacralisation de l'autel qui s'opère ainsi, considéré comme le centre du monde où passe à présent le 5ième rayon du Zenith et du Nadir. Nous le disions, la Messe est une opération cosmique. Figure a.

« L'offertoire du nouvel ordo n'évoque plus le futur sacrifice. Avant la réforme de 1969, après avoir présenté l'hostie à Dieu, le prêtre la déposait sur le corporal, désignant ainsi la victime. À présent l'hostie rejoint à nouveau la patène. L'hostie une fois offerte ne doit plus revenir sur cette dernière, elle doit figurer sur le corporal, en tant que victime offrande. Elle reste ainsi dans la patène comme dans un plat, ce qui suggère le caractère festif d'une messe-repas. La pierre d'autel et ses reliques ont disparu. » L'auteur de ces lignes, l'abbé Cekada, rappelle que le père Bouyer (voir son profil page 96), dont Paul VI était le disciple à propos de la présence réelle, déclarait qu'il ne fallait pas se concentrer sur les saintes espèces, le Christ ne sera présent qu'à condition que tout le corps de l'Église qui préside l'Eucharistie soit présent. L'abbé s'interroge sur quelle chose se produit le sacré alors au cours de la messe ? Selon Paul VI, c'est le peuple fait peuple de Dieu.(2)

Le prêtre verse le vin dans le calice et puis encore quelques gouttes d'eau représentant le peuple des fidèles. Ensuite il prend la coupe. Selon le Zohar(3) on doit saisir la coupe des bénédictions des deux mains, celle de droite correspond à la grâce et au Sud et celle de gauche à la rigueur et au Nord, l'homme étant ainsi tourné vers l'Orient quoi qu'il arrive, même s'il venait à se retourner. Ensuite les textes rabbiniques rappellent que la coupe doit être saisie de la main droite puis de la main gauche, car c'est cette coupe qui attire les bénédictions du haut, appelées Salut, comme il est inscrit dans le psaume 116 :

« Nous offrons Seigneur, le calice du salut, suppliant votre bonté qu'il s'élève comme un parfum agréable en présence de votre divine majesté, pour notre salut et du celui du monde entier. Ainsi-soit-il ».

---

(2) Abbé Cekada, dans « La Messe de Paul VI », Édité chez Via Romana en 2021.
(3) Élaboré vers la fin du treizième siècle, le *Zohar* est le livre fondamental de la mystique juive ou cabale, c'est-à-dire de l'expérience de l'union avec le divin. L'ouvrage adopte la forme d'un commentaire sur l'ensemble du Pentateuque, le Cantique des cantiques, Ruth et les Lamentations.

Aux messes solennelles le prêtre procède à l'encensement des oblats. Ainsi, l'encens, ce parfum, dans le sens hébraïque « *d'Esprit-Ruah* », doit monter vers le Ciel et doit être des plus agréables à Dieu. Or, le nouveau rituel de Paul VI fait abstraction de cette prière que tout prêtre de tradition prononce lors d'un rite sacrificiel (4), notamment par : « *Pour un parfum agréable* » : en latin « *in odore suavitatis* ».

Ces paroles sont l'essence même de tout sacrifice en général, qu'il soit chrétien ou non, car elles suggèrent l'ascension qui doit unir ce parfum à l'Esprit-Saint, lui-même source de parfum. Il faut que le sacrifice plaise à Dieu et qu'il soit agréé par lui. L'agrément signifie apaisement, donc la paix, d'où l'expression canonique «*être en odeur de sainteté* »(5). L'encensement dans le nouveau rituel est facultatif et n'est accompagné d'aucune parole, alors que dans le rituel tridentin le prêtre prononce au cours de la bénédiction par l'encens, mais avant-celle, l'officiant récite, repris du psaume 42, 1-5 :

> « Purifiez mon coeur et mes lèvres, Dieu tout puissant qui, d'un charbon ardent, avait purifié les lèvres d'Isaïe. », puis bénissant l'encensoir :
> « Que par l'intercession du bienheureux Michel Archange, qui se tient debout à la droite de l'autel des parfums et de tous ses élus, le Seigneur daigne bénir cet encens et le recevoir en odeur de suavité (*in odorem suavitis*) par Jésus-Christ notre Seigneur. Ainsi-soit-il. »

Saint Michel, Mikaël, porte la balance et l'épée, étant l'ange du Jugement. Les racines arabes et hébraïques *sK (haq)* de *Mikaëil* signifient Justice et Vérité, ce qui désigne la royauté.(6)

---

(4) Abbé Boon – Au cœur de l'Écriture.
(5) Dans le canon de la Messe, le sacrifice d'Abel est évoqué également. Son sacrifice, contrairement à celui de son frère Caïn, fut agréé, sa fumée monta vers Dieu. Le sacrifice de Caïn ne put monter vers le Très Haut, puisque Dieu ne l'agréait pas.
(6) René Guénon – Le Roi du Monde – chapitre VI Melki-Tsedeq.

communie sous l'espèce du vin. Cette huile odoriférante, c'est l'esprit de Dieu de telle manière que ce sacrifice ne peut que plaire à Dieu. Enfin le prêtre se purifie pour clore l'offertoire en récitant le psaume 25 « *Lavabo* » avant de chanter la Préface.

Ce psaume a également été supprimé par la réforme liturgique.

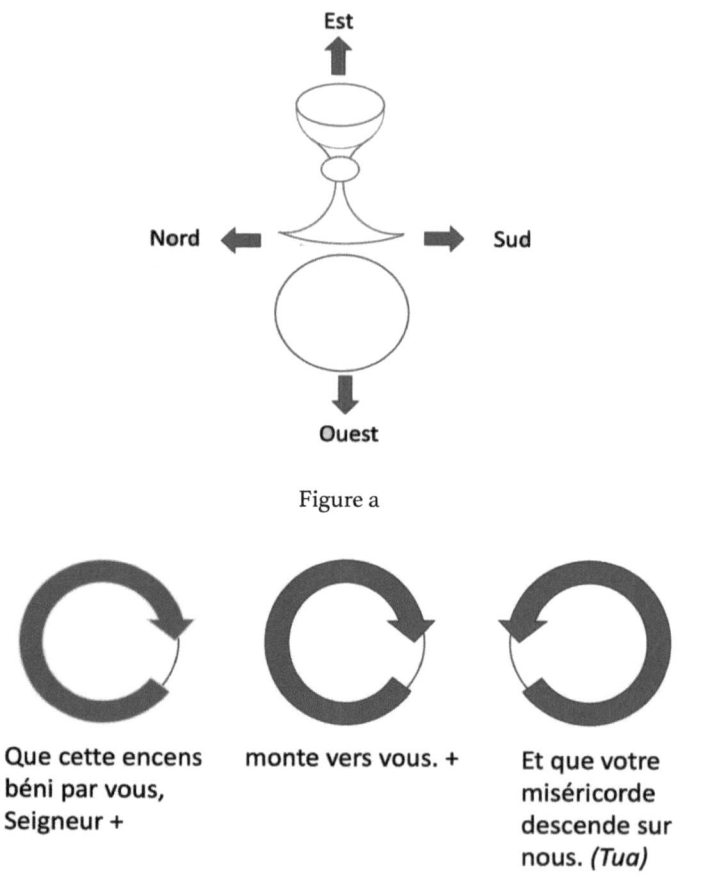

Figure a

Que cette encens béni par vous, Seigneur +   monte vers vous. +   Et que votre miséricorde descende sur nous. *(Tua)*

Figure b

L'encensement des oblats, proprement dit, est cette fois accompagnée des paroles suivantes : « *a incesum istud+a te benedictum+ascendat at te Domine.* » (*Que cet encens béni par vous Seigneur, monte vers vous*). Ces groupes de mots sont entrecoupés d'un tracé du signe de la croix par l'encensoir. Ils représentent les Trois Mondes : corporels, psychiques et spirituels. Ce qui met ainsi ce rite en perspective avec la Tradition Primordiale des Trois Mondes, symbolisés par les offrandes des Rois-Mages. Puis pour achever : « *Et descendat super nos – Misericordia – tua* ». (*Et que votre miséricorde descende sur nous.*) Figure b.

Ces paroles sont à nouveau entrecoupées par l'encensoir d'un cercle, cette fois. Mais au dernier mot, « *tua* », l'officiant inverse le tracé du cercle, pour signifier la descente de ces Trois Mondes ou le retour à l'Un. Le dernier mot « *tua* » est constitué de la première et de la dernière lettre de l'Alphabet hébreux : l'aller puis le retour et projette déjà, après la préface le premier T de *Te igitur*, nous te supplions etc. (Figure b)

Le prêtre ajoute :

> « *In spiritu humilitatis et in animo* **contrito** *suscipiamur a te, Domine : et sic fiat Sacrificium nostrum in conspectu tuo hodie, ut placeat tibi, Dominine Deus.* », traduit par :
> « Nous vous présentons devant vous, Seigneur, avec un esprit humilié et un cœur **contrit** : recevez-nous et faites que notre sacrifice s'accomplisse aujourd'hui en votre présence de telle sorte qu'il vous soit agréable, ô Seigneur notre Dieu. »

Le mot *contrito* est plus fort en latin que le mot « contrit » en français. Il signifie **être broyé**. Cela n'est pas un hasard. La tradition hébraïque attachait une certaine importance au symbole de la Noix. (cantique 6, II le Jardin des noyers). En effet les noix broyées produisent de l'huile d'une « odeur suave. » Et ce broiement de la noix correspond au terme du retour de la « Vie à Venir », ce monde dont il est question quand le prêtre

Le Canon de la Messe
Historique et comparaisons avec le nouvel ordo

Avant 1196, après les paroles consécratoires, l'élévation de l'hostie, telle qu'elle est pratiquée de nos jours, portée au plus haut par les bras du prêtre, n'existait pas. Celui-ci plaçait alors l'hostie consacrée au niveau de son cœur, à la manière d'une petite élévation. Eudes de Sully évêque de Paris, décida la pratique d'une élévation du Corps du Christ au plus haut possible, afin que tous dans l'assistance voient et l'adore. On peut le regretter d'une certaine manière. En effet cette nouvelle élévation a perdu le sens très profond et intime de ce moment entre le Christ et le cœur du Prêtre et de l'homme. (1)

Le Missel de 1962 reprend fidèlement les paroles de consécration figurant dans les Évangiles de Matthieu et de Marc en toute exclusivité, sous condition de la valide ordination sacerdotale du prêtre célébrant. En effet le Christ descend sur l'autel à la consécration de l'hostie pour être à nouveau sacrifié sur la Croix dès les paroles consécratoires du pain et du vin, comme elles figurent dans les Évangiles.

---

(1) Louis Coulange – La Messe -Éditions Rieder – Paris 1927. Eudes de Sully en 1196 est à l'origine de la construction de la Cathédrale de Paris.

Saint- Matthieu 26, 26-29
« Prenez et mangez, *ceci est mon corps* »
« Buvez-en tous, *ceci est mon sang, (le sang) de l'Alliance Nouvelle répandu pour beaucoup en rémission des péchés.* »

Saint-Marc 14, 22-25
« Prenez, « *ceci est mon corps* »
« *Ceci est mon sang, (le sang) de l'alliance, répandu pour beaucoup* »
Saint Luc 22, 19:
« *Et il prit du pain, et, après avoir rendu grâce, il le rompit et le leur donna, en disant : Ceci est mon corps, donné pour vous. Faites ceci en mémoire de moi*, et pareillement pour la coupe après qu'ils eurent soupé, en disant : *Cette coupe est la nouvelle alliance en mon sang répandu pour vous.* »

Saint-Jean, ne rapporte pas les paroles de l'institution eucharistique dans les textes évangéliques qui lui sont attribués. Il apparait bien que le repas selon la tradition juive ait eu lieu. Inévitablement selon cette tradition, il procéda au partage du pain et du vin, selon les formules consacrées.

L'Agneau Pascal, une fois égorgé, était désigné par les juifs par le mot « *le Corps* ». C'est bien par le pain azyme rompu, que Jésus s'offre en Agneau Pascal à ses disciples le soir de la Cène peu avant sa crucifixion. Quant au vin, nous savons qu'il s'agit alors du sang du même « corps » répandu pour la multitude.

Dans la phrase du Christ, Cor II, 26 (2) , le verbe « annoncer », à l'infinitif, signifie proclamer en grec et souligne l'annonce d'une transformation d'un évènement « actuel ». En grec l'usage de ce verbe définit une annonce, une parole qui le laisse penser :

« Car toutes les fois que vous mangez ce pain, vous annoncez la mort du Seigneur jusqu'à ce qu'il vienne. »

---

(2) En Asie Mineure au 1er siècle, la Pâque était fêtée au même moment entre Juifs et Chrétiens. Quand les juifs se mettaient à table, la communauté chrétienne brisait le jeûne par l'Eucharistie au 1er cri du coq (reniement de Pierre).

Mgr Guérard des Lauriers commentent ces paroles dans son étude ainsi :

> « Nous avons ci-dessus rappelé quels sont les trois témoignages écrits, saint Marc, pour ce qui nous occupe, suit saint Matthieu. Et la question, reposée, est de savoir s'il faut retenir, avec toute la Tradition, le témoignage de saint Matthieu (et de saint Marc).
>
> Or, la valeur d'un témoignage dépend, au premier chef et toutes choses égales d'ailleurs, du rapport que soutient le témoin avec ce dont il témoigne. Qui a assisté à l'évènement, qui y a participé activement ? C'est celui-là qui, toutes choses égales d'ailleurs, a qualité pour témoigner ; c'est celui-là que d'abord il faut croire et écouter. Il faudrait avoir perdu le sens, pour accorder la préséance au témoignage inéluctablement médiatisé de celui qui n'a pas assisté à l'évènement.
>
> Or, il est certain que saint Matthieu a participé à la Cène ; il est très probable que saint Luc n'y a pas assisté ; et il est certain que saint Paul ne pouvait pas y avoir assisté.
>
> Il faut, il est vrai, tenir compte de ce qu'affirme saint Paul : « J'ai reçu moi-même du Seigneur ce que je vous ai transmis... » (I Cor. xi, 23). Saint Paul a donc reçu les *verba dominica* qu'il transmet.
> Mais quel que fût le mode de la réception, il a été autre que le mode de la transmission. À cause de cette différence, le « contenu transmis » peut se trouver affecté par les habitudes de pensée de l'auteur inspiré. Cette donnée, sur laquelle on a tant insisté depuis un demi-siècle, vaut pour saint Paul en particulier.
>
> Tandis que le témoignage de saint Matthieu, supposé qu'il soit vraiment de lui jouit de ce privilège que le mode de transmission en est humainement le même que le mode de réception.
>
> Et il est clair qu'un évènement aussi sublime a laissé, dans la mémoire de l'Apôtre, un souvenir aussi aigu qu'indélébile. L'expérience montre que les circonstances dans lesquelles le plus intime de l'être est atteint ou bien passent inaperçues ou bien sont intégralement retenues. On voit donc qu'en ce qui concerne le témoignage de saint Matthieu, celui-ci l'emporte sur celui de saint

Paul, *ex parte testis*. C'est ce qu'a estimé toute la Tradition. Et c'est l'une des raisons pour lesquelles, en application du principe et de la norme ci-dessus, la « forme » traditionnelle est constituée par le texte de saint Matthieu. Il est par conséquent plausible qu'elle ait été en usage dans l'Église dès les temps apostoliques.

Hoc est enim Corpus meum, quod pro vobis tradetur signifie en effet le Corps, en tant que celui-ci doit être livré. Tandis que, *Hoc est enim Corpus meum* signifie, en la réalisant, la Présence du Corps, et ne signifie pas que le Corps soit « livré ».

Tandis que, dans le sacrifice de la Messe, c'est l'enchaînement organique entre la Présence du Corps et la Présence du Sang, toujours respectivement unis à l'Âme, qui constitue en propre la réalité du Sacrifice.

Le rapport entre le Corps et le Sacrifice n'ayant pas la même structure à la Croix et à la Messe, il n'est pas surprenant que le «mode de signifier» qui convient au premier cas soit en fait, quant à la «portée», fallacieux dans le second. Qu'une formule soit « scripturaire » ne suffit pas à en fonder, encore moins à en justifier l'emploi dans la confection d'un sacrement. Le prétendre est une erreur, dont la Tradition de l'Église est demeurée vierge.

Mgr Guérard des Lauriers poursuit :

Saint Thomas par exemple, en citant saint Ambroise, se fait l'écho : « La forme de ce sacrement est-elle **Ceci est mon Corps, Ceci est le Calice de mon Sang** ? Après avoir formulé quatre objections, saint Thomas se réfère à saint Ambroise pour accréditer sa propre conclusion. La consécration est opérée par les paroles du Seigneur Jésus, non par le reste .»

Eudes de Sully, évêque de Paris cité plus haut, introduit dans les paroles consécratoires l'oracle « *ceci mon corps* » prononcé depuis sur l'hostie même. On comprend alors mieux d'avoir procédé à une grande élévation afin que tous dans l'assistance voient et adore le corps du Christ. Enfin l'évêque par un décret interdit la transsubstantiation de l'Hostie après celle

du calice. En effet comme le démontre Mgr Guérard des Lauriers dans sa longue étude, que nous reprendrons qu'en partie, justifie pleinement la décision de l'évêque Eudes de Sully de consacrer impérativement l'hostie avant le vin. S'agissant d'un sacrifice, la victime doit être immolée avant de pouvoir recueillir son Sang. Ainsi cette décision rend le sacrifice de la messe à chaque fois réels

En 1606 l'élévation sous cette forme est imposée à tous. La génuflexion du prêtre à ce moment apparaît dès le $15^{\text{ième}}$ siècle, puisque dès lors le Christ est présent sur l'autel et on sonna les cloches au moment même de l'élévation. La petite élévation signifiait l'action accomplie par Joseph d'Arimathie quand il détacha de la croix le corps du christ pour le mettre au tombeau.

Avant le Concile de Trente la messe n'était pas un sacrifice, mais le mémorial du sacrifice du calvaire, bien que l'on parla couramment du Sacrifice de la Messe. Saint Pie V imposa donc le sacrifice réel à Messe de façon tranchante, alors que les grands docteurs restaient extrêmement prudents quand il était célébré sans retenue par le peuple. Les protestants couvraient de sarcasmes ce qui leur paraissait être la source principale des superstitions catholiques. Le Concile mis toute son énergie à la défense de la Sainte Arche, celui que les protestants bafouaient.

Notons parmi les paroles du prêtre, qu'il prie pour l'Église militante : *Nobis quoque peccatoribus*. Tout au long de la messe, l'Église invite le prêtre à manifester des sentiments de profonde humilité. C'est ainsi qu'il se frappe la poitrine en disant : « *À nous aussi pécheurs* ». Après *Per eumdem Christum Dominum nostrum* le prêtre incline la tête pour marquer le souvenir du Christ qui l'a inclinée en rendant son dernier soupir sur la Croix.

Au moment de la post consécration, le prêtre rappelle :

> « Daignez, Seigneur, jeter un regard de complaisance et de bonté sur ces dons, et agréer ce Sacrifice Saint, cette Hostie sans tache, comme il vous a plu d'agréer les présents d'Abel, le juste, Votre serviteur, ainsi que le sacrifice d'Abraham, notre Patriarche, et celui que vous a offert votre grand-prêtre Melchisédech. »

Vient le Pater Noster. Le prêtre saisit alors la coupe pour réaliser une petite élévation à hauteur du cœur, de sorte que l'hostie trône au-dessus de la coupe. Cela symbolise la résurrection du Christ et rappelle un autre symbole ancien, le soleil au-dessus de l'arbre ou l'étoile de Noël au-dessus de l'arbre de Noël. Il s'agit de la plénitude de la lumière.

Peu avant la consommation de l'Eucharistie, après avoir élevé la coupe, le prêtre clame « *Pax Domini sit semper vobis cum*», soit «*Que la paix du Seigneur soit toujours avec vous* » et laisse tomber dans le calice la parcelle de pain rompu en disant « *Que ce mélange et cette consécration du Corps et du Sang de Notre Seigneur Jésus Christ, que nous allons recevoir soit un gage de la vie éternelle.* »(5 page suivante).

La coupe est celle de la vie nouvelle. En prenant le calice pour communier, le prêtre la renverse et fait ainsi basculer les pôles et réalise la consommation de l'agneau de la fin des temps. Il dit en silence les paroles de Saint-Paul : « Afin qu'il vienne. »

« La coupe se trouve au centre du thème du psaume 116. Celui-ci est la clef de la compréhension de l'Eucharistie. Elle ferme la porte de la mort et de la corruption et ouvre la porte du commencement de la vie nouvelle : le Retour dans le Sein de la Mère à la « Vie du Monde à Venir. »

L'abbé Boon auteur de ce merveilleux livre « Au Cœur de l'Écriture » place le calice au cœur du monde en associant le Rite Eucharistique au centre des six directions du grand palais (*alkal ha-gadol*), désignant la *Shekinah*, c'est à dire la présence réelle de la divinité au centre du monde. L'autel chrétien étant de ce fait le cœur du temple qui correspond à la coupe.

Pour finir ce chapitre nous dirons que la lecture des textes sacrés et tout spécialement du psaume 116, celui qui nous a préoccupé dans ce passage traitant du calice, traduit dans n'importe quelle langue vernaculaire y compris en grec ou en latin, n'est explicite sans la connaissance de l'Hébreu, ainsi que le démontre l'abbé Boon qui précise :

> « Le but de notre étude : montrer que le moindre geste, la moindre parole ne peuvent être considérés en dehors de ce milieu vital que nous appelons rite. »

Et plus loin encore :

> « C'est pour cette raison que nous nous référons continuellement à la langue sacrée qu'est l'hébreu, car c'est à l'intérieur de cette langue que disparaît toute antinomie entre l'esprit et la lettre. Elle est invitation permanente à l'intériorisation, contemplation dans le pur amour. Cette langue invite continuellement l'homme à devenir lui-même par son être entier, transparence à l'Esprit qui est Lumière. »

Enfin, Nicolas Boon conclut:

> « Nous regrettons comme étant un appauvrissement la suppression du psaume 116 au moment où le prêtre consomme le Précieux Sang : « *Qui retribuam Domino pro omnibus retribuit mihi calicem salutaris accipiam et nomen Domini invocabo* - Que rendrai-je au Seigneur pour tout ce qu'il m'a donné ? Je prendrai le calice du salut et j'invoquerai le Nom du Seigneur. J'implorerai le Seigneur et je le louerai (et je serai délivré de mes sentiments) ».
> Et encore « Car le geste de la communion, donc de boire la coupe, amène nécessairement le versement de cette coupe, et ce rite correspond au renversement des pôles, et cela correspond aux paroles de saint Paul : « *jusqu'à ce qu'Il vienne* » qu'il ne faut pas traduire afin qu'il vienne, mais dans l'efficacité de boire en renversant la coupe, ce qui est une action en cours et non pas future. »

Le père Bouyer dans son ouvrage intitulé Eucharistie, page 108, interprète les paroles de Saint Paul « *jusqu'à ce qu'Il vienne* » par « *pour qu'il vienne* ». C'est évidemment une confusion regrettable car il s'agit pour cet auteur d'un mémorial de la mort rédemptrice et non pas un sacrifice actuel et renouvelé par le prêtre « *in persona Christi* ». Il se réfère au

Prophète Jérémias II, 13.

Toutes ces formules sont évidemment très proches les unes des autres, or il ne s'agit que de confusions conséquentes à la traduction des textes sacrés. Toute traduction est un risque d'erreur d'interprétation de mots comportant des nuances et des sens différents d'une langue à l'autre. Or, ce risque est bien plus important et bien plus grave de conséquence quand il s'agit de traduire un langage antique, que ce soit l'hébreu ou le grec ancien, dans un langage moderne, mutant par nature et d'un esprit fortement décalé par les millénaires, la révélation divine. C'est un risque de trahison selon l'adage : « *traduttore traditore* ».

En guise de conclusion de ce chapitre sur l'Eucharistie, nous reprenons un texte de L'Abbé Stéphane dans son ouvrage « Introduction à l'Ésotérisme Chrétien » :

> « L'Eucharistie est essentiellement le sacrement de l'Unité : unité de Sacrifice, du Sacrificateur et de la Victime, et également Unité du « Corps du Christ » sous le double aspect du Corps Mystique et du Pain Eucharistique. La Paix et la Charité, éléments constitutifs de cette Unité, ne doivent pas être entendues dans un sens purement humain, psychologique ou sociale, car elle nous ramène à *Melki-Tsedeq*, Roi de Justice et Roi de Paix, et elle s'identifie à la Justice, à l'équilibre et à l'Harmonie qui sont les attributs de l'Être. »

Durant le séjour de Don Guérard des Laurier à Écône, Mgr Lefebvre le sollicite pour réaliser une étude sur la validité de la Messe dite de Paul VI, le nouvel ordo.

Mgr Guérard des Lauriers, apporte une réponse dans un document de près de 90 pages, fruit d'une études des plus sérieuses, de par son autorité reconnue en matière théologique et liturgique. Il n'est pas question ici de soumettre au lecteur en totalité les résultats de sa thèse, compte tenu de sa longueur et de son style très universitaire. Nous nous limitons à la seule prière eucharistique, l'essentiel de la messe :

« Deux modifications ont été apportées à la « forme », le 3 avril 1969. D'une part, *quod pro vobis tradetur* (livré pour vous) a été ajouté à *Hoc est enim corpus meum* (Ceci et mon corps). D'autre part, *mysterium fidei* (Mystère de la foi) a été supprimé et converti en « acclamation » proférée par le « peuple ». C'est sur la première de ces que nous fixerons l'attention. »

« Il est impossible que, prise au « sens composé », qui est le sens véritable, la forme du nouvel ordo. *Hoc est enim corpus meum, quod pro vobis tradetur*, (ceci est mon corps livré pour vous) ait le même « sens » et la même « portée » que la forme traditionnelle *Hoc est corpus meum*. (Ceci est mon corps). La «portée» de la forme traditionnelle n'est adéquatement exprimée que si on entend cette «forme» au sens composé.

La « portée » de la « forme » est en effet, on vient de le voir, la réalisation du Sacrifice dans l'ordre sacramentel et le Sacrifice n'est mentionné, comme il se doit, qu'au moment où il est accompli, c'est-à-dire lorsque sont proférées les paroles qui constituent la seconde partie de la « forme » et qui achèvent d'en déterminer la « portée » dans l'ordre intelligible.

Saint Thomas insiste sur ce point dans tous les lieux où il traite des formules consécratoires.

« Étant donné que le sacrement de l'Eucharistie est le mémorial de la Passion du Seigneur, c'est seulement le sujet de la Passion qui est «représenté» (*repræsentatur*) dans la consécration du Corps du Christ. C'est en effet en vertu de la Passion que le Sang du Christ fut à part le Corps ; en sorte que les conditions mêmes de la Passion du Seigneur sont exprimées par les paroles subséquentes (*novi et æterni testamenti, mysterium Fidei, qui pro vobis et pro multis effundetur in remissionem peccatorum* (son corps sacrifié et par son sang répandu pour eux et pour un grand nombre en rémission des péchés dans la consécration du Sang) plutôt que dans celle du Corps» (IV Sent. D. 8 Q. 2 a. 2 q. 1, 2m).

« C'est dans la consécration du Sang qu'est exprimé directement le mystère de la Passion (*exprimitur* directe) » (IV Sent. D. 8 Q. 2 a. 2 q. 2) (Idem : q. 3, 8m).

«La Passion n'est pas signifiée dans la consécration du Corps comme elle l'est dans celle du Sang » (IV Sent. D. 8 Q. 2 a. 2 q. 3, 6m).

Pour résumer :

Quand le prêtre prononce les paroles consécratoires sur l'hostie : « *Ceci et mon corps* », cela signifie seulement que le Christ est présent sur l'autel sous la forme de l'hostie : « *Hoc est enim Corpus meum* » réalise exclusivement la présence, et non le sacrifice. » La consécration de l'hostie au cours de laquelle se produit la transsubstantiation est le fruit de la bénédiction du prêtre, de l'invocation de l'Esprit Saint et des mots prononcés par lui: « *Ceci est mon corps* ». Le Sacrifice ne peut intervenir qu'après la présence, et c'est pourquoi il faut que celle-ci soit signifiée, affirmée, réalisée, avant que ne s'accomplisse le Sacrifice. Aussi le prêtre élève aussitôt l'hostie après une génuflexion afin que l'assemblée des fidèles adorent le corps vivant du Christ. Le nouvel ordo rend facultatif cette prosternation.

Le prêtre procède ensuite à la consécration du vin, par la bénédiction du calice, qui par transsubstantiation se transforme en Sang du Christ. Il prononce, sans interruption:

« Ceci est le calice de mon Sang, le Sang du nouveau et éternel Testament *Mysterium Fidei* (Mystère de foi supprimé par Paul VI *repris hors du canon), sang qui sera répandu pour vous et pour un grand nombre en rémission des péchés. Toutes les fois que vous accomplirez ces Mystères, vous les ferez en mémoire de moi. »

C'est à ce moment-là que le Sang et le Corps du Christ sont séparés sur l'autel et que se renouvelle par mémorisation le Sacrifice du Christ.

Il ne s'agit en aucun cas d'un récit de la mémoire, mais il s'agit de l'actualisation de sacrifice au Calvaire et non pas seulement que le mémorial de la Cène, puisque le prêtre prononce ces paroles essentielles et sacrées « *in persona*

Christi », c'est à dire en tant Jésus lui-même, prêtre et victime. Il s'agit bien du sacrifice non sanglant et perpétuel.

Dans le nouveau canon dans la mesure de sa validité, les paroles prononcées par le prêtre sur l'hostie : « *Ceci est mon corps* » auxquelles les rédacteurs du nouveau rite ont ajouté « **livré pour vous pour vous** », ne peuvent réaliser la présence réelle du Christ sur l'autel. Mais en aucune manière le sacrifice du Christ ne pourra s'accomplir malgré les paroles consécratoires prononcées plus tard sur le calice par le même prêtre. L'ajout « **livré pour vous** » se réfère aux paroles dites par Jésus à la Cène du Jeudi Saint, au cours de laquelle aucun sacrifice n'a eu lieu. La cène préfigurait le sacrifice du Calvaire qui eut lieu le lendemain (le jour suivant commençant à la tombée de la nuit dans les sociétés antiques) et ce mystère de la Passion s'exprime directement dans la consécration du Sang au cours de la Messe. La nouvelle Messe n'est qu'un récit du mémorial et ne peut être considérée comme valide au sens traditionnel de l'Église.

Le sacrement de l'Eucharistie réalise l'union des baptisés avec le Christ par manducation de son corps sacrifié et par son sang répandu pour eux et pour un grand nombre en rémission des péchés.

Selon Romano Amerio dans Iota Unum :

> « La Messe cesse d'être un acte sacrificiel accompli par le prêtre '*in persona Christi*', tenant le rôle du Christ, et elle est identifiée à une assemblée : *coena Missa* est synaxis. La messe est une suite d'actions sacrées et ne peut être une assemblée qui est une entité morale. Elle ne se réduit non plus à faire mémoire du Seigneur, car la mémoire est un fait de l'ordre et de la pensée » et d'ajouter: « Il est par ailleurs significatif que dans l'ancien Missel toutes les paroles commémoratives ou opératives du canon sont incluses dans la rubrique *infra actionem* (au cours de l'action) ».

> « Car ceci est le Calice de mon Sang, le Sang du nouveau et éternel Testament (Mystère de Foi), Sang qui sera répandu pour vous et pour

un grand nombre en rémission des péchés Toutes les fois que vous accomplirez ces Mystères vous les ferez en mémoire de Moi. »

Le nouvel ordo, par ces paroles consécratoires du pain, l'hostie, annule toute possibilité de présence réelle nécessaire du Christ sur l'autel par la nouvelle formule : « *ceci est mon corps **livré pour vous*** ». Le fait que le corps soit livré, (nouvel ordo), fait que le Christ ne sera pas sacrifié puisque livré. Sur l'autel, c'est donc le corps glorieux du Christ présent au coeur de l'assemblée!... Le sacrifice ne peut donc pas avoir lieu : le sang annoncé répandu par la seconde consécration dans la nouvelle formule n'est pas associé à la victime. Il n'y a pas renouvellement du Sacrifice de la Croix. La nouvelle formule consécratoire est divisée (en deux temps différents), ce qui rompt l'actualisation du sacrifice propitiatoire.

Le prêtre célèbre in *Persona Christi*. Il s'immole lui-même dans le Christ et ses paroles sont siennes. « *Ceci est mon corps* » se confondent avec celles du prêtre, ce qui actualise le sacrifice. Il fait mémoire et non le mémorial du nouvel ordo.

La nouvelle liturgie attribue le sacerdoce à l'« Assemblée des Fidèles réunis » présidée par le prêtre. Cette association vaut-elle l'unité sacramentelle traditionnelle de l'Eucharistie, hors du temps, comme celui de Melchisédech? Le Christ et le prêtre catholique ne sont qu'une « *in persona Christi* » dans l'unité du Corps Mystique, c'est à dire dans l'unité de l'Église militante, souffrante et triomphante et du Pain Eucharistique, dans ces Trois Mondes. L'Eucharistie ne peut être réduite à une simple coutume, comme à la *Berakah* de fin de repas juive, ainsi que le laisse trop souvent entendre les progressistes. La Messe tridentine n'est pas ni un repas fraternel ni une cène d'un simple mémorial, mais elle est un véritable sacrifice non sanglant renouvelé sur les autels des églises.

Après ces précisions, il est bon de revenir sur les changements apportés au canon de la Messe en 1090 par l'évêque de Paris, Eudes de Sully, qui supprima la petite élévation pour la grande élévation visible de tous afin que tous les fidèles adorassent l'hostie. En ces temps beaucoup de prêtres persistaient à consacrer uniquement le pain en le rapprochant physiquement du vin, celui-ci devenait sang du Christ, c'est-à-dire le sang se séparait du corps du Christ à ce moment. Il y a dans cette ancienne pratique la logique et la confirmation qu'il s'agissait bien d'un sacrifice par l'unité de l'action de consécration du prêtre.

La petite élévation consistait en fait à rapprocher du cœur l'hostie en prononçant l'oracle « *ceci est mon corps* ». Eudes de Sully obligeait les tenants de la consécration par les signes de la Croix à consacrer séparément les Saintes Espèces par les seules paroles du Christ même, et rappeler ainsi la présence réelle du Christ. S'en suivait l'adoration à genoux. C'était bien l'oracle « *ceci est mon corps* » qui faisait descendre sur l'autel le Christ et non plus les signes de Croix. Cela obligea les prêtres à procéder à une seconde consécration, celle du vin, sans contact physique avec le pain. Cette pratique fut imposée à tous par le Concile de Trente.

Malgré tout un risque d'invalidité pouvait persister si les prêtres en consacrant l'hostie indépendamment du vin n'attachait pas d'importance à l'intention d'opérer un sacrifice continu. Dans ce cas la messe était invalide. Aussi le prêtre opérant « *in persona Christi* », s'oblige à se sacrifier en respectant alors les étapes consécutives du sacrifice : présence – immolation – sacrifice, soit une action continue.

Voici les paroles eucharistiques au complet comparées à celle du nouvel ordo : Lors de la consécration des Saintes Espèces au cours de la Messe Tridentine, le prêtre prononce ces paroles :

> « *Qui (Jésus-Christ) la veille de sa passion, prit du pain dans ses mains saintes et vénérables, et levant les yeux au ciel vers vous Dieu tout-puissant, son père, vous rendit grâce, bénit ce pain, le rompit et le donna à ses disciples en disant : Prenez et mangez-en tous,*

Ancien ordo : « *ceci est mon corps.* »
Nouvel ordo : « *ceci est mon corps livré pour vous.* » (action accomplie).

« *De même après la cène, prenant aussi ce précieux Calice entre ses mains saintes et vénérables pareillement, vous rendant grâces le bénit et le donna à ses disciples en disant : prenez et buvez-en tous.* »

Ancien ordo :

« *Car ceci est le Calice de mon Sang, le Sang du nouveau et éternel Testament (Mystère de Foi), Sang qui sera répandu pour vous et pour un grand nombre en rémission des péchés. Toutes les fois que vous accomplirez ces Mystères vous les ferez en mémoire de Moi.* »

Nouvel ordo :

« *Prenez, et buvez-en tous, car ceci est la coupe de mon sang, le sang de l'Alliance nouvelle et éternelle qui sera versé pour vous et pour la multitude en rémission des péchés. Vous ferez cela en mémoire de moi.* »

« Dans le Sacrifice de la Messe, c'est l'enchaînement organique entre la Présence du Corps et la Présence du Sang, toujours respectivement unis à l'Âme, qui constitue en propre la réalité du Sacrifice. » Mgr Guérard des Lauriers.

La morale ou la conclusion de l'analyse de l'étude intitulée « *Réflexion sur le nouvel ordo* » faite par Mgr Guérard des Lauriers, est que la Messe, selon le nouvel ordo décrété le 3 Avril 1969 par Paul VI, « pourrait » bien être invalide sur le plan sacrificiel.

L'Eucharistie est le sacrement qui se trouve au centre du Corps Mystique du Christ. Il est le fondement et la condition de tous les sacrements en ce sens que pour les dispenser il faut que les prêtres soient validement ordonnés. Cette question est difficile au regard de l'invalidité de la Messe et de l'Eucharistie qui président et conditionnent tous les autres sacrements notamment l'ordination sacerdotale.

La Consécration par les signes de croix

Les signes de croix étaient pratiqués par les chrétiens déjà sous Tertullien et Saint-Augustin. La main des prêtres avait le pouvoir qu'elle tenait de celui du rite de l'onction, par l'évêque « de faire les signes de croix consécrateurs » et Boniface s'initie à la théologie des croix et acquière la conviction que ces gestes étaient nécessaires à la consécration de l'Eucharistie. Le pape Zacharie en 751 indiqua à Boniface où les signes devaient être faits au cours de la consécration des espèces.

Grégoire VII attribue l'ordination du sacrifice à l'onction des mains, ce qui suppose qu'il attribue la consécration eucharistique aux signes de croix. La croix commémore la mort du Seigneur. C'est la descente de l'Esprit-Saint qui investit les éléments eucharistiques.

> « Le nombre de ces signes de Croix figurait également dans la première liste des abus (*Libello*) relevés dans les Actes du Concile de Trente » selon Mgr Gérard des Lauriers.
>
> « L'Ordo de S. Pie V comprenait, au cours du Canon (du Te igitur à la Communion) vingt-huit signes de Croix. Ces signes réitérés rappelaient constamment à l'attention du célébrant et des assistants que la Messe est précisément le Sacrifice de la Croix. Serait-ce donc un hasard que le nombre de ces signes ait été progressivement diminué par des ordonnances successives, depuis dix ans. Et enfin, dans le nouvel Ordo, il ne reste qu'un seul signe de Croix, organe témoin voué probablement à disparaître : et *benedicas* + *haec dona*... (Prex I, T*e igitur*) : *ut nobis Corpus et* + *Sanguis fiant*... (Preces II, III, IV, avant la Consécration). La liturgie use, comme l'ordre sacramentel, des signes sensibles, et pas seulement des paroles. Renoncer à ces signes, et également aux paroles qui en précisaient clairement le contenu, c'est en fait renoncer à la doctrine qui se trouvait signifiée simultanément par les uns et par les autres. L'offertoire cartusien comporte le signe de la Croix et conjointement la mention du Sang et de l'Eau. »
>
> «Beaucoup s'offusquent de ce que l'on fasse sur l'Hostie consacrée

tant de croix et de signes comme si à leur défaut quelque chose manquait au caractère sacrificiel de l'Hostie».

« Rien certes ne manque, ni à l'Hostie consacrée, ni au «Calice de l'Éternel Salut». À eux seuls, objectivement, ils réalisent le Sacrifice de la Messe. Mais la grâce d'un sacrement, infailliblement attachée à la réalisation du signe, ne laisse pas d'être en fait mesurée par l'acte de foi de celui qui la reçoit. Et la ferveur de cet acte de foi est, en général, favorisée par les signes qui en suggèrent mieux la signification. Le nombre des signes de croix n'a pas été retenu par le Concile comme constituant un «abus». Les observations que nous avons présentées à propos de la désignation *«hostia immaculata»* valent, exactement de la même manière, dans ce second cas. » Guérard des lauriers.

Le Sacerdoce selon l'ordre de Melchisédech

« Quand Abram revint vainqueur de Chodorlahomor et des rois qui étaient avec lui, le roi de Sodome sortit à sa rencontre dans la vallée de Savé ; c'est la vallée du Roi. Melchisédech, roi de Salem apporta du pain et du vin; il était prêtre du Dieu «Très-Haut».Il bénit Abram et dit : « Bénit soit Abram par le Dieu Très-Haut, qui a créé le ciel et la terre ! Béni soit le Dieu Très-Haut, qui a livré tes ennemis entre tes mains!» Et Abram lui donna la dîme de tout. Gen 14. 17-20.

Il n'y a qu'un sacerdoce selon l'ordre de Melchisédech, à qui Abraham rendit la Dîme :

« *Tu es sacerdum in aeternum secundum ordinem Melchisedech* » ps 109.4. « Ce qui met Melchisédech au-dessus du grand ancêtre choisi, et par conséquent d'Aaron et du sacerdoce lévitique. En cela Saint-Paul nous démontre qu'il est la figure de Jésus-Christ. » (Hébreux)

Le prêtre à l'autel, par les mêmes paroles et les mêmes gestes du Christ, renouvelle « *in persona Christi* » non pas le sacrifice sanglant du Calvaire mais ses effets salvateurs pour les morts et les vivants. Qui renouvelle les effets, renouvelle l'action.

A la fin de l'Eucharistie, le prêtre reprend les paroles du Christ sur la Croix au moment de sa mort : « *Pax vobiscum* » c'est-à-dire « *Tout est accompli* » la Paix réalisée.

Au moment où 12 000 agneaux étaient sacrifiés pour la Pâque Juive à Jérusalem, Jésus l'était sur la Croix. Quelques heures auparavant Jésus disait sur le pain devant ses apôtres « *Ceci est mon corps* » et se désignait ainsi « *corps* » sacrifié analogue à celui de l'agneau pascal. Puis il partagea la coupe de Vin en disant « »

Le mot vin, *yayin* (I N I) en hébreux, possède la même valeur que le mot hébreux S O D, qui signifie Mystère ou Secret. Dans le rite de l'ancienne Messe au cœur des paroles de la consécration du vin, se trouvait l'expression « *Mysterium fidei – Mystère de la foi* ». L'abbé Boon rappelle que cette formule a été rejetée hors des paroles de consécration au détriment de l'esprit.

La Shekinah, le Centre du Monde

Parmi les intermédiaires célestes désignés par la Kabbale Juive, la Shekinah et *Metatron* ou *Shaddaï* signifient le « Tout-Puissant ».

Au cours de la messe traditionnelle, après la consécration des saintes espèces, moment de la présence divine sur l'autel, le prêtre poursuit ses prières les bras levés, les pouces et les index repliés sur eux-mêmes jusqu'à la petite élévation qui clôture la grande prière eucharistique. Les doigts ainsi présentés représentent les lettres hébraïques formant le mot *Shaddaï* (tout puissant). Cette même figure correspond également aux lettres arabes formant les mots « Très Haut » et fait référence à la construction du Temple de Jérusalem ou au Temple de Salomon ou encore à celui de Zorabel et de son Tabernacle, l'habitacle divin de la présence réelle de la divinité.

Le *Metatron* est le gardien, l'envoyé, le médiateur chef de la hiérarchie initiatique et encore le pôle terrestre ou l'axe du monde. C'est le centre originel unique et commun à tous les hommes et à toutes les traditions ou religions, enfin à tout le sacré. C'est le Pôle céleste, *Mikaël* soit *Melek* le roi, ou *Maleak* l'ange, envoyé de Dieu. Il est prêtre, l'holocauste et l'oblation devant Dieu sans l'aspect de la clémence mais de celui de la Justice, le pouvoir royal et sacerdotal ou pontifical. (2)

La *Shekinah* réside en *Malkut* dans l'arbre Séphorique (Arbre de Vie). Elle est la résidence divine ou la présence divine. *Malkut* est le réceptacle de toutes les forces divines. C'est une notion de résidence ou de lieu inséparable de la lumière (primordiale). Et Dieu dit que la Lumière a été créée et avec elle tout le monde formel. Nous arrivons ainsi aux notions d'établissement et de lieu inséparables de la Lumière Primordiale.

La Lumière est d'une part l'effet de la parole dite et d'autre part la source du monde formel, ce que Saint Jérôme rend par *eloquium* et par *verbum* ». Il est donc inconcevable dans un contexte traditionnel de séparer la notion de création de celle de sacré et de lieu. (3 page suivante)

La périphrase « Roi de Paix et de « Justice » signifiait avant tout « le Roi ». Qui dit roi, dit royaume avec les pouvoirs régaliens de paix et de justice. La Paix s'entend ici « entrer dans ce royaume » à la fin des temps. C'est le sens des paraboles de Jésus. Un royaume est lié à une notion spatiale. Le Temple représente la Maison de Dieu sur terre et figure son microcosme. Au coeur de ce temple se trouve la *Shekinah*, le lieu de la présence réelle de Dieu et de sa manifestation. *Shekinah* vient du mot arabo-hébraïque lié à la Grande Paix.

---

(2) Jean Tourniac, dans son ouvrage « Melki-Tzedeg » chez Dervy, note qu'il y a lieu d'envisager plusieurs centres spirituels ou localisations du même genre, successives dans le monde selon les traditions propres, sachant que celles-ci sont liées par un même « ésotérisme » : Jérusalem, Rome, La Mecque, Lhassa etc. Ces centres spirituels correspondent à différents cycles ou subdivisions d'un autre cycle plus étendu de l'ensemble des quatre cycles qui le forment (*Manvantara*) et que l'on retrouve dans le sigle de Trois Hum.

Psaume 116 (Vulg. CXIV et CXV)

1 Je l'aime, car Yahweh entend ma voix, mes supplications.

2 Car il a incliné vers moi son oreille, et toute ma vie, je l'invoquerai.

3 Les liens de la mort m'entouraient, et les angoisses du schéol m'avaient saisi ; j'étais en proie à la détresse et à l'affliction.

4 Et j'ai invoqué le nom de Yahweh « Yahweh, sauve mon âme ! »

5 Yahweh est miséricordieux et juste, notre Dieu est compatissant.

6 Yahweh garde les faibles ; j'étais malheureux, et il m'a sauvé.

7 Mon âme, retourne à ton repos ; car Yahweh te comble de biens.

8 Oui, tu as sauvé mon âme de la mort, mon œil des larmes, mes pieds de la chute.

9 Je marcherai encore devant Yahweh, dans la terre des vivants.

10 J'ai confiance, alors même que je dis : « je suis malheureux à l'excès. »

11 Je disais dans mon abattement : « Tout homme est menteur.

12 Que rendrai-je à Yahweh pour tous ses bienfaits à mon égard.

13 J'élèverai la coupe du salut, et j'invoquerai le nom de Yahweh.

14 J'accomplirai mes vœux envers Yahweh en présence de tout son peuple.

15 Elle a du prix aux yeux de Yahweh, la mort de ses fidèles.

16 Ah ! Yahweh, parce que je suis ton serviteur, ton serviteur, fils de ta servante, tu as détaché mes liens.

17 Je t'offrirai un sacrifice d'actions de grâces, et j'invoquerai le nom de Yahweh.

18 J'accomplirai mes vœux envers Yahweh, en présence de tout son peuple,

19 dans les parvis de la maison de Yahweh, dans ton enceinte, Jérusalem. Alleluia !

---

(3) Le mot loge est lié au mot grec *loki*, c'est à dire, soit un « trou noir » soit un « trou clair». En grec logos signifie encore mesure, proportion et plan caché par opposition à *loka*, *lux* en latin, qui signifie éclairer. Ces mots sont à l'origine du mot loge et local. Dans le symbolisme hindou, la grande muraille circulaire qui sépare le cosmos *loka* des ténèbres extérieures *aloka*, se nomme *lok* ou *loka*. Proche du germanique «*Lach*» trou, étymologiquement proche de lumière «*Luucht*». A ce propos, il faut rappeler que tout chrétien doit faire en sorte de construire sa maison au Ciel. Le nouveau Temple de Jérusalem c'est Jésus et ses douze apôtres eux-mêmes, c'est-à-dire l'Église ou le Corps Mystique du Christ.

Rétrospective

Le 11 Décembre 1925, par l'encyclique *Quas Primas*, le pape Pie XI institue la Fête du Christ-Roi pour rappeler que l'Église et le Monde doivent « Chercher la paix du Christ par le règne du Christ ». Ce texte fait notamment référence au Credo du Concile de Nicée qui précise justement : « *Cuius regni non erit finis* – et son règne n'aura pas de fin. » et « Il a reçu du Père la puissance, l'honneur et la royauté ».

Cette encyclique intervient au début du dernier siècle, après la séparation de l'Église et de l'État en France notamment, et, après la Première Guerre Mondiale, où le monde industriel et financier assure dominer le Monde. Cet Encyclique est une supplique pour que le Christ détrôné depuis les bouleversements du 18ième siècle reprenne sa place au-dessus des nations. Il ne s'agit pas d'un dogme. Tout ce que l'Église enseigne, sur le Christ-Roi, se trouve dans la théologie classique du Christianisme romain et dans la liturgie de l'Église. Cette fête figurait dans le calendrier liturgique traditionnel au dernier Dimanche d'Octobre.

L'Église Conciliaire renomme cette fête « Le Christ Roi de l'Univers » et fixe sa célébration au dernier Dimanche de l'année liturgique. Selon le porte-parole de l'Institut

Catholique (1), deux raisons majeures justifieraient la révision du cadre et de la portée du culte du Christ-Roi décidé par Pie XII.

> « Dans la période post-conciliaire, cette fête a suscité une certaine gêne tant il est vrai que sa dimension socio-politique était liée à une vision des rapports entre l'Église et la société qui semblait éloignée de l'enseignement du Concile Vatican II. » et encore :
> « En 1966, dans la première série Assemblées du Seigneur (avant donc la réforme de Vatican II), l'introduction du fascicule consacré à cette fête, traduit bien cette gêne :
> « Instituée à l'époque moderne, commentée par une encyclique aux implications sociales et politiques qui correspondent à un contexte sociologique pour une bonne part dépassé, la fête du Christ-Roi pourrait sembler à beaucoup avoir perdu son actualité sinon sa signification » (1)

Dès lors on peut considérer la négation du verset du psaume 109.2 :

> « *Virgam virtutis tuae emittet Dominus ex Sion : dominare in medio inimicos tuorum* »
> « Dieu étendra de Sion le sceptre de votre puissance ; régnez-en maître au milieu de vos ennemis ! »

Ainsi que des paroles du chant du Gloria et du Sanctus.(2)

> Enfin, les raisons de l'évacuation des Rois-Mages venus reconnaître Jésus Roi et Prêtre, Roi de Paix et de Justice avec toute la symbolique de la Tradition primordiale du Roi du Monde, sont ainsi très ouvertement justifiés.

---

(1) Par Frère Patrick Prétot, Institut Supérieur de Liturgie, Institut Catholique de Paris. Conférence des Évêques de France.
(2) Chapitre 6, La Messe: Le Chant du Gloria.

La Berakah Juive annonce l'Eucharistie chrétienne ?

La *Berakah* est l'invocation de la venue imminente du Messie. Par l'Incarnation et la Croix, l'Eucharistie chrétienne célèbre, par le mémorial de la Messe, la venue du Messie et l'accomplissement des promesses de Dieu faites à l'homme.

Le Père Louis Bouyer, dans son ouvrage « Eucharistie » rapporte (3) :

> « Le cardinal Schuster disait que le christ avait trouvé dans le psautier, tout préparé, dans lequel il n'avait plus qu'à lire la liturgie de son sacrifice. » (4)

Il s'agit précisément des *Berakoth* juives lues au cours des repas. C'est une liturgie familiale importante pour le maintien de la vie religieuse ou celui de la Synagogue. Mais, elle ne peut se comprendre sans posséder le sens du contenu de la Bible hébraïque.

Le soir de sa Passion, au cours de son dernier repas avec ses apôtres, le Christ a célébré par anticipation, la Pâque Juive et le mémorial de la sortie d'Égypte du Peuple d'Israël. Aux origines, ce repas pascal n'a vraisemblablement été que son seul sacrifice. Dans les communautés juives, comme celle de Qûmran, la *Berakah* signifiait les anciens sacrifices.

Les paroles du Christ reprises dans chaque célébration eucharistique au cœur de la Messe, proviennent des vénérables prières juives dites au cours de ces repas ou des grandes fêtes. Jésus les prononça couramment. Mais, les paroles propres à la Cène, que célèbre l'Église Romaine le Jeudi-Saint, ont été actualisées à cette occasion par le Divin Maître même, en raison de la situation exceptionnelle du moment.

---

(3) Eucharistie – Louis Bouyer – Desclée 1966 Bruxelles.
(4) L. Schuster, Liber Sacramentum, Bruxelles, 1938.

Dans la tradition juive proprement dite, après le lavement des mains, chacun des convives buvait une première coupe de vin en récitant : « *Bénis sois-tu, Seigneur, notre Dieu, Roi des siècles qui nous donne le fruit de la vigne.* » Puis, le pain était rompu et distribué à chacun par le chef de famille ou le prêtre, en disant : « *Bénis sois-tu, Seigneur notre Dieu, Roi des siècles, qui fait produire le pain à la terre.* »

A la fin du repas, la mère de famille allumait la lampe. La bénédiction des luminaires était alors récitée et l'encens brulé.

Intervenait un second lavement des mains et parfois celui des pieds. Le président, devant une coupe mêlée d'eau et de vin priait les invités à s'associer à son action de grâce : « *Rendons grâce à notre Dieu, qui nous a nourri de son abondance.* »

Ici, les prières ont varié selon les siècles et notamment après la catastrophe de 70 après J.C. causée par la destruction du Temple de Jérusalem. Nous tentons d'extraire quelques exemples parmi de très nombreuses formes et rites liturgiques juifs:

> « Bénis sois tu, seigneur notre Dieu, Roi de l'Univers, qui nourrit le monde dans ta bonté et ta miséricorde... »
> « Nous te rendons grâce, Seigneur notre Dieu, pour ce pays désirable, bon et vaste, qu'il t'a plu de donner à nos pères et pour l'alliance dont tu as marqué à notre chaire, la Torah, que tu nous as donnée, la vie, la grâce, la miséricorde et la nourriture, que tu nous as accordées en toute saison... »

> « Pour cela Bénis soit ton nom sur nous continuellement et à jamais, Bénis sois-tu, Seigneur, pour le pays et pour la nourriture. »
> « Aie pitié, Seigneur, notre Dieu, de ton peuple Israël, de ta cité, Jérusalem, de Sion, la demeure de ta gloire, du Royaume de la maison de David ton oint, et de la grande et sainte maison qui a été appelée de ton Nom. Nourris-nous, entretiens-nous, soutiens-nous, prends soins de nous, relève-nous bientôt de nos angoisses et ne nous mets pas dans le besoin des dons des mortels, car leurs dons sont médiocres et leur reproche est grand, cependant que nous avons espéré en ton saint, grand et redoutable Nom. Et puissent Élie et le

Messie, le fils de David, venir pendant notre vie, le royaume de la Maison de David retourner à son lieu, et toi-même régner sur nous, toi seul ; et veuille nous y conduire, nous y réjouir et nous consoler en Sion. Béni sois-tu Seigneur, qui reconstruis Jérusalem. »

Or, la forme festive, après la demande ci-dessus, introduit une supplique afin que le Royaume de la Maison de David retourne à son lieu:

> « Notre Dieu et le Dieu de nos pères, que le mémorial de nous-même, et de nos pères, le mémorial de Jérusalem, ta cité, le mémorial du Messie, le fils de David, ton serviteurs lève et vienne qu'il arrive, soit vu, accepté, entendu, rappelé et mentionné devant toi, pour la délivrance, le venue, la grâce, la compassion et la miséricorde, en ce jour, Souviens toi de nous, Seigneur, notre Dieu, à son propos pour nous faire du bien, visite-nous à cause de lui et sauve-nous pour lui, nous vivifiant par une parole de salut et de miséricorde : épargne-nous, fais-nous grâce et montre-nous ta miséricorde, car tu es un Dieu et un roi gracieux et miséricordieux. »

Le père Bouyer note :

> Ce qui est remarquable, dans ce texte, c'est l'emploi, si abondant qu'il fait du terme de mémorial, en hébreu *zikkaron*. On ne peut imaginer meilleure confirmation que ce texte à la thèse, qui a été si solidement établie par Jeremias dans son livre sur les paroles eucharistique de Jésus » (5).

Il s'agit d'un véritable mémorial. Il implique une continuité, une permanence mystérieuse des grandes actions divines, des « *Mirabilia Dei* », de la parole sacrée qui a produit les merveilles divines dans le passé, les a renouvelées et les accompagne à présent.

---

(5) Joachim Jeremias, Die Abendmahles-wörte Jesu – Vanderhoeck & Ruprecht in Göttingen- 1967.

Jean-Paul II dans l'audience générale du mercredi 4 octobre 2000 : La foi biblique implique le souvenir efficace des œuvres merveilleuses de salut. Livre de l'Exode : « *Dieu se souvint de son alliance avec Abraham et Jacob* » Ex 2, 24 et dans le Deutéronome : « *Souviens-toi du Seigneur, ton Dieu* » Dt 8, 18. Il ne s'agit pas d'une simple commémoration d'un passé inerte mais bien présent par actualisation et non pas le souvenir des événements du passé. Il s'agit de la proclamation des merveilles que Dieu a accomplies pour les hommes. Le mémorial rappelle un lien d'alliance qui ne fait jamais défaut : « *Le Seigneur se souvient de nous : il bénira* » Ps 113, 12.

Par la bénédiction à Dieu cette *berakah* opère alors le mémorial de *Mirabilia Dei,* création et rédemption, et son accomplissement eschatologique.

Le père Bouyer reprend :

> « Nous avons là comme la source à la fois de la notion chrétienne du sacrifice eucharistique et, plus généralement, de l'efficacité des sacrements, telle que la comprendront les premières générations chrétiennes. «
> « Les paroles du Christ supposent une possession sans égale de la Bible hébraïque avec un sens souverain à ce qu'il lui appartient et à lui seul. »

La vision et le ressenti propres aux sensibilités à notre époque contemporaine à propos des évènements du Jeudi-Saint et du Vendredi-Saint, l'ont certainement emporté sur la grandeur et la gravité de sa mission « *créatrice et salvatrice* » de Jésus du moment, moment de l'accomplissement des promesses de Dieu. Le drame provoqué par les violences psychiques et physiques au cours de la passion du Christ a peut-être couvert sur ses dernières paroles sur la Croix la conclusion d'une prière eucharistique : « *Tout est accompli* » Jean 19, 28-30.

Jésus réalise ainsi la vraie connaissance de Dieu que toute

berakah demande, en faisant connaître le Père. La « connaissance de Dieu » en nous « Emmanuel » répond à la connaissance que le Père a de nous. Comme Jésus l'avait annoncé, sous la forme même d'une autre *Berakah*, aux Douze après leur mission :

> « En ce temps-là, Jésus prit la parole et dit : « Je vous bénis, Père, Seigneur du ciel et de la terre, de ce que vous avez caché ces choses aux sages et aux prudents, et les avez révélées aux simples (aux pauvres dans le sens juif du mot, ceux que ne vivent que par la foi seule). Oui , Père, car tel fut votre bon plaisir. Toutes choses m'ont été remises par mon Père ; et personne ne connaît le Fils, si ce n'est le Père, et personne ne connaît le Père si ce n'est le Fils, et celui à qui le Fils aura bien voulu le révéler ». Matthieu 11, 25-2. Voir aussi Luc 10, 21-22 :

> « Au même moment, il tressaillit de joie par l'Esprit-Saint, et il dit : « je vous bénis, Père, Seigneur du Ciel et de la Terre, de ce que vous avez caché ces choses aux sages et aux prudents et les avez révélées aux simples. Oui, Père, car tel fut votre bon plaisir. Toutes m'ont été remises par mon Père ; et personne ne sait ce qu'est le Fils, si ce n'est le Père, ni ce qu'est le Père, si ce n'est le Fils, et celui à qui le Fils aura bien voulu le révéler. »

Cette connaissance réciproque de Dieu en l'homme et de celui-ci en Dieu concrétise la « ré-union » du Ciel et de la Terre. Par le mystère de la Rédemption, Jésus, fait homme, accomplit ce que Dieu avait promis.(6 page suivante)

La Semaine Sainte et la Cène

La Pâque approchait. Les pèlerins affluaient vers la ville de Jérusalem et leur nombre pouvait s'élever à cent mille personnes au jour même de la fête religieuse auxquels viennent s'ajouter les vingt-cinq mille habitants de la Ville Sainte. Les pénitents devaient s'organiser pour trouver un local qui leur servirait à organiser leur repas pascal. Mais encore fallait-il qu'ils sacrifient un agneau sans tache, selon le rituel prévu par la Loi et dans la ville même. Un agneau suffisait pour dix à douze personnes. Il y avait donc une grande activité au cours de la semaine précédant Pâque. Les pèlerins devaient s'obliger à passer la nuit pascale dans la ville même de Jérusalem. Il fallait donc qu'ils pourvoient à trouver un gîte dans la circonscription urbaine certains allant dormir sur les toits des maisons, dans les fermes et dans les cours. (7) (8)

La Palestine occupée par Rome n'était pas sûre politiquement au temps de Jésus. Aussi devant cette situation, les Romains, en prévision de ce grand pèlerinage, par mesure de sécurité, envoyaient des troupes à Jérusalem. Celles-ci entrèrent le fameux jour des Rameaux, la fête juive des Tentes, par la Porte Occidentale, porte du Soleil couchant, alors que Jésus chevauchant un ânon sous les hourras de la foule en liesse, pénétra dans la ville Sainte par la porte d'Orient, symbole de la naissance de la Lumière. (9)

L'entrée triomphale de Jésus avait fait grand bruit auprès des autorités religieuses et militaires. La monture d'un âne symbolisait la royauté douce et paisible voulue par Jésus même. Cet accueil retentissant attira l'attention des autorités. L'Évangile parle d'une foule qui déposait sur le passage du cortège leurs manteaux et tenait des branches d'arbre qu'elle avait coupées sur leur chemin et chantait « *Hosanna etc...* »

---

(6) Chanoine Pierre Schwenck – Le secret de Jésus.
(7) L'obligation de tuer l'agneau du sacrifice dans l'enceinte même du Temple de Jérusalem fut déjà levée à l'époque du Christ au vu du nombre important des demandes. Le Temple ne disposait que d'un local de 35m2 destiné à cet usage. Joachim Jeremias – Die Abendmahleswörte Jesu – 1967.
(8) Les pèlerins avait obligation de passer la nuit pascale dans la ville de Jérusalem. Jésus dormait généralement à Béthanie, mais ce soir-là ce n'était pas possible, il l'a passé au Mont des Oliviers ou le Jardin de Gethsémani au flanc ouest compris dans la circonscription de la ville.
(9) En allemand buis est traduit par palme et par *Palmsontag* on parle du Dimanche des Rameaux. Le buis béni devait garantir la protection des maisons contre la foudre et le feu. Les cendres du buis brûlé mêlées aux coquilles d'œufs de Pâques étaient répandues par les paysans dans les quatre coins de leurs champs pour garantir leur fertilité.

Les récits évangéliques n'évoquent pas précisément de palmes, mais la liturgie chrétienne retiendra le symbole des palmes ou du buis pour le jour des Rameaux. Les palmes symbolisent le martyr. Palme ou rameau de buis signifie la même chose. Or cette semaine sainte, telle qu'elle est présentée dans les Évangiles possède un caractère fermé ou ésotérique. (10)

> « La palme, évoque le rameau d'or qu'Énée conduit par la Sybille va cueillir dans la forêt, ou encore le rameau d'or que portaient les initiés d'Éleusis, et que rappelle encore l'acacia de la maçonnerie moderne : gage de résurrection et d'immortalité. »

Le récit de la Semaine Sainte prend ainsi une présentation propre à l'Orphisme : La mort du Christ et sa descente aux Enfers, puis sa résurrection suivie de son ascension glorieuse. Mais en Israël, la palme est le symbole de l'indépendance et de la victoire royale - Marc I 13, 51 et Marc II 14, 4. Nul doute, les romains comprirent qu'il s'agissait d'une provocation.

Le Temple, sa destruction et les marchands chassés

Il s'agirait d'un récit ésotérique ou fermé mis en rapport avec la tradition évangélique, notamment chez les évangélistes synoptiques à la différence de Jean. Celui-ci n'évoque pas la « Malédiction du figuier » par Jésus au lendemain de son entrée triomphale en ville. Cet épisode serait à rapprocher de celle qui frapperait Israël. Par ailleurs Jean ne situe pas la scène des « Marchands chassés du Temple » dans la Semaine Sainte, mais hors de la Semaine Sainte, au chapitre 2, 18 de son Évangile. Enfin les récits johanniques ne font pas, non plus, mention des prédictions eschatologiques et de la destruction du Temple de Jérusalem. Ce récit, selon Joachim Jeremias,

---

(10) René Guénon – L'ésotérisme de Dante.

serait incompatible et même en contradiction dans le temps et dans les circonstances au « lendemain » de l'entrée dans la Ville de Jérusalem de Jésus, revêtu des symboles de roi de paix et de justice. L'auteur rappelle en effet que la mythologie Proche Orientale évoque l'abolition de l'ancien culte, lors de l'intronisation d'un nouveau roi, et annoncerait une nouvelle ère messianique. Cette version serait contraire au mandat du Christ, reçu de son Père, le Divin Maître sachant son arrestation et sa mort prochaine. Les textes synoptiques possèdent en effet une compilation narrative en rapport avec les traditions mythiques de cette époque archaïque.

Pour revenir à l'épisode de la purification du Temple par Jésus, notamment en renvoyant les marchands, Jean au chapitre. 2, 8, contrairement aux évangélistes synoptiques, cite la phrase du Christ : « *Détruisez ce temple, je le reconstruirai en trois jours* », celle-ci est certainement à rapprocher des trois jours théophaniques, propre à l'Orient, évoqués déjà lors l'épisode des Noces de Cana. (11) (12)

La Cène

Les paroles eucharistiques liturgiques, que nous connaissons, sont l'essentiel des formules canoniques au canon de la Messe fixées par l'*ordo missae* et prononcées par le prêtre consécrateur. Celles-ci prennent toute leurs valeurs et leur force par l'ensemble des paroles de l'Évangile et de toutes les rubriques de la Messe. Mais, pour revivre le mémorial de la Cène, ne faudrait-il pas se familiariser avec le sens du repas en Palestine à l'époque du Christ, ainsi qu'avec toutes les paroles de Jésus prononcées au cours de sa vie publique ? (13)

---

(11) La malédiction du figuier : Marc 11, 12- 11, 20-25. Matt 18-22 et Luc 11,13.
(12) La destruction du temple : Matt 21, 12-1, Marc 21, 15-17 et Luc 21, 5.
(13) *Die Abendmahleswörte Jesu* (Les paroles de Jésus lors de la Cène).

La table et le repas dans le milieu judéo chrétiens

On ne peut pas dissocier la cène des autres repas de fêtes religieuses juives et notamment celui du repas pascal prescrit par la Loi : le mémorial de la sortie du Peuple d'Israël d'Égypte. En fait, à cette époque chaque repas faisait mémoire des bienfaits de Dieu envers les hommes. Dans cette région du monde et certainement dans bien d'autres traditions religieuses, la table était un lieu de Paix, de confiance et de fraternité, particulièrement en Palestine. Les conviés au repas, s'ils répondaient et s'ils prenaient place à la table de leur hôte, devenaient « communauté de vie ». Et cela explique le scandale exprimé par les Pharisiens reprochant à Jésus de partager la table des publicains et des pêcheurs : Marc 2, 15-17 – Math 11, 19 *« jésus était un mangeur et un buveur »*.

Quitter la table d'un repas c'était rompre ou renoncer à cette communion de vie et cela était considéré comme un dommage grave, d'où l'horrible trahison de Juda, convive d'un repas extraordinaire. Accepter le pain de l'hôte c'était participer et donc se soumettre à lui, mais aussi partager ce qui avait été conclu ou dit avant de consommer et cela était aussi s'associer à toute la communauté de la table et la reconnaître. Boire la coupe bénie, sur laquelle a été parlé religieusement, c'était également s'associer à la bénédiction de la table entière. (14)

Dans les pays du Proche Orient, la table et le repas transmettaient aux convives des dons ou des grâces divines, car toute la création, notamment la nourriture terrestre, était un bienfait de Dieu et c'est pour cela qu'il fallait lui rendre grâce.

La parabole « du riche et de ses invités » est significative de l'affront et de la colère provoqués par le désintérêt ou la

---

(14) Commentaire du Chanoine Crampon : Luc 22, 21 « *Juda a bien participé à l'institution.* » « *On ne récite pas une rubrique, on l'exécute* » : P. Benoît Le récit de la Cène dans Luc XXII 15-20.

négligence des invités, ceux-ci prétextant des raisons contingentes ou domestiques pour s'abstenir. Se rendre à un repas c'était l'occasion de rendre grâce à Dieu. Le maître de maison alla chercher les malheureux et les misérables sur les bords du chemin et ces derniers s'empressèrent de venir. Par un autre exemple, il est également possible de mesurer pour nous autres contemporains la portée d'un épisode évangélique à propos du pain, de son symbole et des grâces qu'il procure. Marc 7 , 24-30 Matt 15, 21-28:

> Jésus étant parti de là, se retira dans la région de Tyr et de Sidon. Et voilà qu'une femme cananéenne, sortie de ce pays-là se mit à crier : « Ayez pitié de moi Seigneur, fils de David ! Ma fille est cruellement tourmentée, par le démon. » Il ne lui répondit pas un mot. Alors les disciples s'étant approchés, le priaient en disant : « Renvoyez -la, car elle nous poursuit de ses cris. » Il répondit ; « Je n'ai été envoyé qu'aux brebis perdues de la Maison d'Israël. » Mais elle vint se prosterner devant lui, disant : « Seigneur, secourez-moi ». Il répondit : « Il n'est pas bien de prendre le pain des enfants pour le jeter aux petits chiens. ». « Oui, Seigneur, dit-elle ; mais les petits chiens mangent des miettes qui tombent de la table de leurs maîtres ; » Alors, Jésus lui dit : » Ô femme, votre foi est grande : qu'il vous soit fait comme vous voulez ». » Et sa fille fut guérie à l'heure même.

Les bienfaits de Dieu profitent à tous, c'est également dans ce sens qu'il faut comprendre le sacrifice du pain et du vin de Melchisédech. Le christianisme a transmis au monde occidentale la tradition de la table quotidienne et celle des fêtes où l'on partage une joie familiale, lors d'un mariage, où d'un baptême, par exemple, mais aussi ses douleurs lors d'un enterrement. Le repas chrétien commence et finit toujours par une prière de remerciement à Dieu. Lors de ces fêtes, il n'était pas rare que le maître de maison fasse un petit discours, une certaine manière de bénir ses invités. On ne refusait pas l'invitation d'un repas honnête et on ne quittait pas la table avant la fin. Et on levait le verre de vin pour se souhaiter la santé, cette santé spirituelle bien entendue.

Le dernier repas de Jésus

La cène fut le dernier repas de Jésus. Voyant sa fin arriver, il décida de partager avec ses apôtres le repas pascal. Mais, sachant qu'il serait livré au Sanhédrin la veille du Sabbat, il anticipa d'une journée ce repas : la Pâque que l'on nommait « La fête des pains azymes ». Il s'agissait de la plus grande fête de l'année. Celle-ci coïncida avec le Sabbat de cette année-là.

Très codifié, ce repas ritualisé, Jésus le complète, ce qui n'était pas commun et les apôtres en furent surpris. Il se distingue de la chaîne de repas messianique. Que Jésus se soit exclu de la Pâque a consterné les apôtres. C'est à l'occasion de cette fête juive, qu'il institua l'Eucharistie : le partage du pain et du vin. Néanmoins ce fut un véritable repas au cours duquel on mangeait l'agneau pascal sacrifié. Or, Jésus ne mangea aucune nourriture, ni mangea du pain ni ne but de vin à ce repas qui se tenait en fait le jour de sa mort selon Joachim Jeremias.

Légalement Jésus est mort dans la nuit du 13 au 14 Nisan, jour de la Cène. Il ressuscite dans la nuit du 14 au 15 Nisan jour de la Pâque Juive. En effet Jésus au cours de la Cène a jeûné, ne mangeant aucun aliment : il ne pouvait non plus boire le vin, son sang, ni manger le pain, son corps. Jésus, lors de ce repas, par le pain et le vin sur lesquels il prononça les paroles divines, s'offrait en sacrifice le jour même de sa mort sur la Croix. Et cela se vérifie par les paroles : « *Ceci est mon corps* ».

Depuis, la Pâque juive se distingue de la Pâque chrétienne. Le rituel juif est un regard en arrière sur le sang de l'agneau délivrant Israël d'Égypte pour le pays de Canaan. La mort de Jésus délivre (la délivrance est un terme d'initié) Ex 15, 13 et 12, 8. La Pâque chrétienne est une perspective du monde à venir symbolisée par la sortie d'Égypte. La Pâque Juive est le mémorial, le *Memra* de Jahve. La Pâque Chrétienne est le mémorial du Sacrifice de Jésus sur la Croix, pour la délivrance de la multitude.

Jésus a certainement dit beaucoup plus dit que nos formules liturgiques. Celles-ci replacées dans le contexte « en situation réelle » prennent leur véritable dimension. Non pas que les saintes paroles liturgiques, dites au cours d'une célébration eucharistique, soient dévalorisées, mais leur caractère légal dans le sens des écrits canoniques et rubricistes les cantonnent dans une formulation quasi juridique. Le mémorial eucharistique dépasse ces aspects contingents de la Messe.

Les paroles du Christ surprennent les apôtres, car elles n'étaient pas usuelles et contraires aux usages. Jésus parle en victime. Il y a beaucoup de bénédictions au cours de ce repas : Jésus bénit le pain azyme, symbole de son corps « misérable de sa passion » et aussi en mémoire des temps difficiles du peuple d'Israël dans le désert après leur sortie d'Égypte. Il bénit le vin, rend grâce et élève la coupe Marc 14, 28. Jésus l'élève à hauteur du cœur, comme dans une *Berakah* juive ou comme dans les messes anciennes et non pas par une élévation majestueuse de la Messe tridentine.

Être convié à la table de Jésus et à ces repas, comme ces pécheurs ou d'autres, c'était bénéficier des grâces de pardon et de guérison. Manger quotidiennement avec Jésus était un chemin de remises de peine. Ce repas de Jésus avant sa mort peut être compris par : Jean 13, 23 : « *Jean est au sein de Jésus au repas* ». Certains demandaient à être assis à la droite de jésus. Marc 10, 35-37. Ainsi, assister régulièrement à la messe est un chemin de pardon et de sainteté. Jésus ayant parlé sur le pain et le vin, a partagé sa mort avec ses apôtres et ceux-ci ont été baptisés par le sang du Christ et ont expié. Luc 22, 27 : « *Or à table je suis votre serviteur* ». Jean 13, 1-17 « *Par le lavement des pieds je deviens l'esclave des autres.* ». Jésus est au service de l'humanité.

Jésus buvait du vin mais pas quotidiennement. Pour la Pâque, le vin était obligatoire et comprenait par personne quatre gobelets de vin coupé d'eau. C'était du vin rouge. Le pain azyme n'est pas un pain fini, mais non arrivé à maturation, c'est-à-dire transformé par un levain naturel. C'est le pain des misérables et des malheureux. Il est une exhortation, un rappel du récit devant les ténèbres, les jours sombres. A tout temps on doit se voir sortir d'Égypte et manger son pain azyme. C'est la mémoire. Au menu du repas : pain azyme, herbes amères, agneau sans tâche, et quatre gobelets de vin, pour rappeler les quatre gobelets de pharaon ou les quatre empires. On ne pouvait pas manger de pain avant le repas principal.

Déroulement du Repas

Avant le repas, devant l'assemblée des convives

Quiddouch et bénédiction du 1er gobelet – Herbes vertes, herbes amères et purée de légumes liquides.

On apporte le manger, mais on n'y touche pas encore et on prépare le deuxième gobelet, mais on attend pour le boire.

Liturgie *Passahaggada* par le maître de maison (en araméen).

Première partie du *Passahallels* (en hébreu). On boit le deuxième gobelet.

Plat principal

Prière du maître de maison sur le pain azyme.

Mangé de l'Agneau (avant ce plat il était possible de manger un peu veau ou de viande petite bête), pains azymes, herbes amères avec sauce de légume.

Prière à table *Birkath hammaçon*, puis la prière sur le 3ième gobelet de vin

Fin de repas

On remplit le quatrième gobelet.

Seconde partie du *Passahallel* en hébreu.
Berakah sur le quatrième Gobelet
Le pain azyme pour la misère
Les herbes amères pour l'esclavage
Légume en jus sauce pour l'esclavage, travail de force
L'Agneau pascal en mémoire du sang sur les linteaux pour la délivrance

Le développement de la Célébration Eucharistique

Au lendemain de la montée au Ciel de Jésus-Christ, les apôtres et les disciples perpétrèrent selon le commandement de leur Maître et parce qu'ils étaient Juifs, le repas de la Cène en reprenant le rituel comprenant certainement les traditionnelles prières des *berakoh*, mais en actualisant aux paroles eucharistiques que Jésus avait lui-même prononcées. On peut le penser, mais une question se pose de savoir s'il s'agissait des paroles du repas du soir du Sabbat ou du repas Pascal ? Nous reviendrons sur cette question. En partageant le pain et en faisant circuler la coupe, ils faisaient le mémorial de la Cène, comme le Seigneur leur avait été demandé en reprenant ses paroles mêmes. C'est une autre question : lesquelles ?

Les textes évangéliques reprennent l'essentiel des paroles de Jésus. Nous avions déjà évoqué les difficultés que posent les mises en cause de la datation de ces textes et de leurs auteurs. On peut penser que les témoins de la Cène conservèrent, gravées dans leurs cœurs les moments et les paroles de ce repas « mémorable » et les transmettaient oralement aux autres et à leurs successeurs. Ces paroles que l'on retrouve sous diverses versions aux premiers temps, furent l'objet de nombreuses discussions contradictoires tant sur leur historicité que tant sur leurs exactes et fidèles énonciations. Entre celles-ci et le droit canon défini par le Concile de Trente en 1545 de l'Église Romaine, il y a une multitude de formes et de paroles eucharistiques que l'on remarque dans les textes eucharistiques des différentes Églises Chrétiennes réparties alors dans le Bassin Méditerranée et notamment au Moyen-Orient. L'Église Romaine ayant pris une certaine ampleur, grâce à son statut romain et au Saint-Empire, a mené un véritable combat d'uniformisation dans tous les territoires placés dans cette zone politique. La Contre-Réforme de Trente a permis une certaine homogénéisation liturgique. Les décrets de Saint-Pie V imposèrent, sous menace d'excommunication, à tous les prêtres catholiques, la reconnaissance de la valeur propitiatoire des paroles de consécration et le respect des nouvelles rubriques de la Sainte Messe. Entre celles-ci et celles figurant dans le Missel 1962, peu de changements et aucun changement dans le canon de la Messe.

Ces paroles divines furent analysées et « décortiquées » durant des siècles et cela semble toujours le cas de nos jours. Elles furent l'objet de tant de procès canoniques au point que le doute subsiste toujours quant à leur authenticité. S'il s'agissait d'une simple cérémonie commémorative au cours de laquelle, le prêtre prononcerait quelques paroles « magiques » pour rendre vivantes les saintes espèces : le vin en le corps du Christ et le vin en Sang du Sauveur, rien ne s'opérerait. Le pain et le vin resteraient tel que le boulanger et le vigneron les produisirent. Or, il est question d'un Mémorial où vraiment sont renouvelés les gestes et les paroles du Divin Maître et leurs conséquences telles qu'ils leur avait demandées : le renouvellement de l'Alliance entre Dieu et les Hommes par le Sacrifice le sanglant de Jésus Prêtre et Roi de Paix et de Justice. S'agissant de l'actualisation d'un évènement cosmique unique et capital pour l'humanité, le cadre et la portée des paroles sont essentielles à la réalisation du Mémorial de la Cène. Celui-ci ne repose donc pas sur le caractère juridique d'ordre canonique et disciplinaire mais sur la fidélité au retour à la table de ce dernier repas du Christ et de ses Apôtres.

Dans le chapitre précédent, nous avons cité une des *berakah* juive à propos du mémorial de la sortie d'Égypte du Peuple d'"Israël. Il fait naître au cours de cette cérémonie la notion de sacrifice que le récitant et la famille autour de la table du repas du soir du Sabbat revivent. Le mémorial de la Cène, s'il prend la forme d'un vrai sacrifice non sanglant du Christ, c'est qu'il est « re-vécu », hors du temps et de l'espace, donc éternel, et ne s'éteindra donc jamais, comme un *sacerdos in aeternum*, et il est important d'avoir su conserver et transmettre les bonnes paroles du Sauveur afin de pouvoir répondre à l'invite du prêtre au moment de la Communion : « *Voici l'Agneau de Dieu : voici celui qui efface les péchés du monde.* »

La Messe moderne, de nos jours, n'est pas le repas ou le banquet pascal, tel qu'il le fut chez les premiers « chrétiens », si toutefois ces derniers se nommèrent ainsi. A cela il y a des raisons historiques.

Devant les abus et l'incohérence et notamment les nombreux banquets nocturnes supposés projeter le banquet de la Parousie du Christ, Saint Paul, se référant au message que lui avait adressé le Seigneur, remet de l'ordre dans une partie de l'Église par quelques injonctions. Celles-ci sont incorporées dans les Épîtres aux Corinthiens, en l'an 140 - Corinthiens 11, 23-26.

> « Car pour moi, j'ai reçu du Seigneur, ce que je vous ai aussi transmis, savoir, que le Seigneur Jésus, dans la nuit où il fut livré, prit du pain, et après rendu grâces, le rompit et dit : « Prenez et mangez ; **ceci est mon corps, qui sera livré pour vous ; faites ceci en mémoire de moi.** De même, après avoir soupé, il prit le calice et dit : **Ce calice est la nouvelle alliance, en mon sang ; faites ceci, toutes les fois que vous en boirez , en mémoire de moi** » Car toutes les fois que vous mangez ce pain et vous buvez ce calice, vous annoncerez la mort du Seigneur, jusqu'à ce qu'il vienne. »

Mais les écrits de Paul y compris celles insérées dans Luc 23, restèrent, semble-t-il, lettre morte, jusqu'au début du 3ième siècle. La question de leur datation se pose alors et par conséquent l'authenticité de l'auteur même. Paul, par les révélations du Christ, décrit ses paroles prononcées lors du dernier repas et recommande de commémorer la mort du Christ et de célébrer la Cène. Mais, il n'est pas suivi, car cette Eucharistie risque de compromettre l'existence des banquets. Ces injonctions à la morale encourageaient la fuite de nombre de chrétiens.

Les paroles du Christ reprises par Paul et Luc de toute évidence sont plutôt favorables à la nouvelle forme de l'Église, Le mémorial de Paul abolissait en même temps le banquet mais il est resté lettre morte car les banquets persistaient. En effet : Les questions qui se posent véritablement chez les chrétiens et qui les divisent à propos de l'eucharistie sont :

- Celle d'un simple mémorial de la passion et de la mort du Christ ?
- Celle de la présence réelle du Christ et de son sang sur l'autel, après la prononciation des paroles de consécration des saintes espèces, par la transsubstantiation du pain et du vin ?
- Celle du renouvellement du sacrifice non sanglant du Christ sur l'autel, après l'immolation de son corps, la Sainte Hostie, son sang recueilli dans le Calice ?

Avant tout, sachons que le mot Église dans le sens grec de l'Ancien testament désignait l'Assemblée du peuple juif. Il fut repris par les Chrétiens après la dispersion de la nation Juive. La question du sacrifice est très délicate. Pour qu'il y ait sacrifice il faut un prêtre, une victime consentante, son immolation et le partage de la chair et du sang par les participants au sacrifice.

Les banquets eucharistiques, la veille au soir du « Jour du Soleil », où chacun apportait ses « victuailles » devait certainement être proche du *Quiddouch* Juif. On rompait le pain et on faisait circuler la coupe de vin à la fin du repas. Or, ces banquets dégénérèrent sous l'influence des banquets romains qui s'achevaient très tard la nuit en « orgies ». Les autorités romaines interdirent ces festivités nocturnes, réputées amorales. A-t-on accusé à tort les chrétiens de ces horreurs pour les faire martyrs ?

Dès le premier siècle les chrétiens nomment le repas « le banquet du sacrifice ». Sous la pression des païens convertis et des juifs nostalgiques des sacrifices du Temple, les païens firent grief aux chrétiens de l'absence d'un autel, le sacrifice étant inséparable de la pierre par une notion très ancrée chez eux. Les juifs dispersés se basent sur l'oracle de Malachie :

> « Le sacrifice doit être offert à Dieu dans le monde entier » et aussi « même dans le souvenir de leur nourriture sèche et liquide, ils se souviennent aussi de la passion que le fils de Dieu a souffert pour eux. »

Le culte des morts dans l'Eucharistie Chrétienne vient des païens qui célébraient un repas funèbre souvent sur les tombes mêmes des défunts (appelées pierres de mémoire).

Au second siècle, on mit de l'ordre. Les banquets n'eurent plus lieu la nuit seule, comme au premier siècle. La « messe » eu lieu le matin et le banquet le soir. On pratiquait le partage du pain avec les pauvres, présents ou non, suivit d'une longue action de grâce, pour remercier Dieu pour les nourritures que l'on recevait et l'on rendait grâce avant et après le repas du soir.

Les Judéo-Chrétiens chantaient le psaume 110 (109). Le *Quiddouch* disparut quand on déplaça les réunions du Sabbat au Dimanche. Cette période correspond au déchirement entre juifs et chrétiens et à l'antisémitisme qui s'en suivait.

Les prêtres sont nommés « les présidents ». Ils sont chargés de présenter (offertoire) les dons et d'adresser l'action de grâce auquel le peuple répond en hébreux « amen ». Le prêtre célèbre la munificence de Dieu et le peuple formulait un acte d'adhésion.

L'Eucharistie désigne le repas. Il est très enraciné même quand il deviendra présence réelle. Dès l'an 140, l'Eucharistie devient le banquet sacrifice. On attribue à Paul dans Éphésiens 20.2 :

> « Rompre un seul pain qui est remède d'Immortalité, un antidote qui préserve de la mort et fait vivre pour toujours avec Jésus-Christ ». Sous-entendu la Rédemption.

Tertullien dans son Apologie :

> « Dans tout ce que nous mangeons, nous remercions le créateur de l'univers, de la vie qu'il nous a donné, ce qu'il a fait pour assurer notre subsistance des diverses propriétés des choses : « du changement des saisons » et de l'immortalité qu'il nous donne en récompense de notre foi en lui. » Ce texte sonne le sens cosmique de l'eucharistie, tel qu'on le retrouve en Orient.

On remarquera que les chrétiens d'alors ignoraient toujours le message de Paul en ce qui concerne l'Eucharistie.

L'an 150. L'oracle : « *ceci est mon corps* » est relevé dans les paroles eucharistiques.

L'an 165. L'Eucharistie était encore présentée comme le mémorial de l'incarnation du Christ : il avait un corps comme les autres et on reconnaîtra le dogme de l'incarnation. (« Ceci est mon corps »).

> « Si l'Incarnation se fût réalisée indépendamment du péché. Le sacrifice eût alors purement consisté dans le «*sacrum facere*» ; et il eût atteint, en l'état du Verbe incarné, sans aucun acte violent, son parfait accomplissement. L'Incarnation étant en fait rédemptrice, elle réalise ce même accomplissement, autrement cependant. » Guérard des Lauriers.

En 220, La Messe antique est instituée par Hyppolite. Elle était le mémorial de la mort du Christ, le sacrement de sa passion. Pour le peuple l'Eucharistie était un porte bonheur. Le sacrifice du calvaire sans la victime.

En 220 - Saint Hippolyte :

> Recevez et mangez, « ceci est mon corps qui sera brisé pour vous ». « Ceci est mon sang qui est répandu pour vous, Quand vous ferez cela, faites-le en mémoire de moi. « Donc en mémoire de sa mort et de sa résurrection ».

En 354-430, ce qui dit Saint Augustin:

> « Est-ce que le corps du Christ n'a pas été immolé une seule fois en lui-même ? Et pourtant est-ce qu'il n'est pas immolé pour les peuples en symbole, non seulement chaque fois que la fête de Pâques arrive, mais tous les jours, en sorte qu'on ne ment pas quand on répond qu'il est immolé ? Si, en effet, les symboles n'avaient pas quelque rapport avec les choses dont ils sont les symboles, ils ne seraient pas du tout des symboles. C'est à cause de ce rapport qu'ils reçoivent d'ordinaire les noms des choses elles-mêmes. Donc de même que, d'une certaine manière, le symbole du corps du Christ est le sang du Christ, de même le symbole de la foi est la foi. ». Extrait d'une lettre de Saint-Augustin à Boniface évêque contemporain de Saint Augustin. Le Saint a dit également : « La foi doit être instruite »

Vers la Messe contemporaine

L'antique messe était un mémorial du sacrifice du Calvaire sans la victime. Le mémorial du calvaire avec la victime constitue l'essence même de la Messe Moderne.

Saint Grégoire fut l'apôtre de la dévotion à la Messe, on apprit de lui que le prêtre dit la messe seulement s'il s'immole lui-même à Dieu. La piété fit son œuvre, on assiste à la messe comme on assiste à un drame (théologie grecque paulienne).

- 1059 Le Concile romain déclare le dogme de la présence réelle.
- 1090 Grégoire VII attribue l'ordination à l'onction des mains, ce qui suppose qu'il attribue la consécration aux

signes de croix. Il codifie le canon et les signes de croix.
- 1099 Urbain II au concile interdit aux clercs de l'hommage par les mains. Mais la consécration par les mains persiste. Ce serait la descente du Saint Esprit qui investit les saintes espèces. Ainsi les signes de croix faits selon l'usage, le Christ est tout entier dans le sacrement du pain et du vin.

La consécration par les mains et les signes de croix avait l'inconvénient de consacrer en une seule fois le pain et le vin en Corps du Christ. Elle empêchait la logique du sacrifice qui exigeait la présence sur l'autel de la victime : le Corps du Christ. Le vin consacré en deuxième temps permettait l'accomplissement du sacrifice dans un second temps de la consécration.

Avant le Concile de Trente la messe n'était pas un sacrifice, mais le mémorial du sacrifice du calvaire, mais l'on parlait couramment, malgré tout, du sacrifice de la Messe. Saint pie V impose le sacrifice réel à la messe de façon tranchante, alors que les grands docteurs restaient extrêmement prudents quand il était célébré sans retenue par le peuple. Les protestants couvraient de sarcasmes ce qui leur paraissait être la source principale des superstitions catholiques. Le Concile mit toute son énergie à la défense de la Sainte Arche, celui que les protestant bafouaient.

Le vin coupé d'eau

Le calice coupé d'eau pour un tiers, à une certaine époque, tient d'un usage romain, méditerranéen et c'était donc l'usage à l'époque du Christ. Il l'a pratiqué à la cène, puisque les juifs pratiquaient lors du repas du Sabbat. La quantité d'eau fut réduite, de peur par certains évêques qu'elle demeura un handicap à la consécration du vin. L'eau désigne également le peuple (apocalypse les eaux symbolisent les nations). L'eau mélangé au vin dans le calice est changée en sang après la consécration. *Le Christ nous a procuré la rédemption par son sang.* (Saint-Amboise).

Pain azyme

Tardif 8ième siècle, l'église grecque continue avec du pain fermenté.

Le Pater

Le pape Grégoire le Grand introduit, à l'image des églises orientales, le Pater dans l'ordo romain.

Épilogue

Inspiré par l'ouvrage du père Boon, « Au Cœur de l'Écriture », nous avons tenté de rappeler l'héritage du Judaïsme dans le Christianisme. L'abbé place le calice au cœur du monde, au point de rencontre des six directions de l'Univers, symbole du Grand Palais (*alkal ha-gadol*) la *Shekinah*, la présence réelle de la divinité. L'autel chrétien étant de ce fait le cœur du temple qui correspond à la coupe. Celle-ci représente ainsi « *le pivot autour duquel s'articulent les deux morts : celle de l'angoisse et de l'affliction et celle qui est le commencement de la Vie Nouvelle.* »

Revenons un instant sur les changements liturgiques opérés par l'évêque Eudes de Sully dans l'élévation. Elles répondaient certes aux demandes des fidèles réclamant une meilleure visibilité de la liturgie. On peut regretter cette innovation pour l'époque qui masqua ainsi l'aspect primordial de la place du calice au coeur de la Messe en allant à l'encontre de la tradition liée au Coeur du Christ. Le père révérend Nicolas Boon rappelait que le contact avec Dieu, voir son union avec lui, ne se réalise que dans le cœur qui doit coïncider avec celui du monde, le macrocosme. Au moment de l'élévation les fidèles baissaient la tête vers leur coeur sans regarder l'Hostie Sainte. La dévotion du « Coeur sacré de Jésus » tient ses origines dans ce mystère.

L'Eucharistie est aussi la célébration de la Mort et de la Résurrection du Christ. Le pain et le vin réunis comme le Ciel et la Terre par l'union des chrétiens ou des hommes dans le Christ. Elle remémore également l'Incarnation et le Mystère de Dieu fait Homme.

La nouvelle messe de Paul VI ne peut être comparée à celle de Saint Pie V par sa charpente, sauf à illustrer son éloignement de façon impressionnante(1) du rite tridentin, qui seul opère dans ses « quatre causes » :

1. matérielle par la présence réelle,
2. formelle sa nature sacrificielle,
3. finale propitiatoire son but, et enfin :
4. efficiente par le sacerdoce du prêtre. » (2)

La nouvelle pastorale de l'Église répond à une volonté oecuménique au sens très large du terme et même au-delà. Comme nous le verrons dans le chapitre de la Déclaration Conciliaire *Nostra Aetate*, la question salvifique universelle de l'Église Romaine représentait face au peuple élu une difficulté dans la volonté réciproque de rapprochement de Rome avec l'état d'Israël. Le Sacrifice de l'Autel prenant ses racines dans la tradition juive et dans l'ancien Temple de Jérusalem, le Concile envisagea une révision totale de son regard sur le Peuple Juif en « corrigeant » sa liturgie pascale d'une part et d'autre part sur la notion sacrificielle universelle.

Enfin, le Concile en invitant des observateurs protestants dans l'Aula conciliaire, tenta d'aligner, si on ose dire, sa nouvelle liturgie non sacrificielle sur celle des églises réformées.

---

(1) Le terme utilisé par les cardinaux Ottaviani et Bacci dans leur supplique adressée à Paul VI à propos de la nouvelle messe et intitulée « Bref examen critique du nouvel ordo » que l'on peut obtenir aux Éditions Renaissance Catholique (2004).
(2) Abbé Jean Michel Gleize dans le Courrier de Rome de Décembre 2004, n° 684, page 5.

Annexes

Nicolas Boon

Nicolas Boon né en 1920 à Leyde aux Pays-Bas se réfugie en France lors de l'invasion allemande en 1940. Il entre au séminaire de Nevers, pout y être ordonné prêtre en 1948 avant d'être nommé vicaire puis curé dans le Nivernais.

Avant son exil, lié à des milieux juifs d'Amsterdam, il est témoin de la déportation d'un de ses amis libraires parti en chantant un psaume de confiance en Dieu. Après-guerre, il s'intéresse profondément à la spiritualité juive et plonge dans des études hébraïques qui, en vertu de la continuité qui existait entre judaïsme et christianisme, pouvait permettre d'approfondir la compréhension de la Bible, mais également la liturgie catholique tridentine. Les procédés de la kabbale retiennent en particulier son attention. Selon cette dernière, les lettres hébraïques sont des énergies vivantes et leurs propriétés numériques permettent des rapprochements entre des termes dont le rapport n'est pas apparent mais permettent une réelle connaissance de Dieu.

Guérard des Lauriers (Michel

(25 Octobre 1898 - 27 Février 1988).

Il entre à l'école normale supérieure où il soutient une thèse en sciences et réussit l'agrégation de mathématiques. Il entre au noviciat dominicain en 1927 puis à l'Université dominicaine du Saulchoir. Ordonné prêtre en 1931.
Docteur en théologie et en philosophie. Pie XII l'appelle à enseigner à l'université pontificale du Latran et à l'Angelicum de Rome. Il participe à l'écriture du « Bref examen critique du nouvel Ordo Missae », signé par les cardinaux Bacci, et Ottaviani. Il rejoint et soutient la FFSSPX. Il y développe la thèse de la vacance du Saint Siège en raison de l'hérésie, selon lui, du pape régnant qui, s'il demeurait Pape "materialiter" ne l'était plus "formaliter". Pour cette raison Mgr Lefebvre le renvoie en 1977.

À partir d'une étude pointue des rites, il se met à douter de la validité du nouveau rite d'ordination promulgué par Paul VI . En conséquence, il cherche à assurer la succession apostolique et obtient d'être sacré évêque par l'ancien archevêque de Hué (Vietnam).

Mgr Guérard des Lauriers ordonne alors un certain nombre de prêtres et d'évêques dans l'esprit du sédéprivationnisme, mais aucun d'eux n'aura sa stature intellectuelle. Il meurt à l'âge de 91 ans.

L'étude de l'Abbé Cekada sur le rite de Paul VI

Après avoir quitté l'Église « conciliaire », il rejoint Écône pour être ordonné prêtre par Mgr Lefebvre. Dans une brève étude théologique, il dénonce sans appel l'invalidité des sacres épiscopaux selon le nouveau rite. La lecture de ce document irrite Mgr Lefebvre. Exclu de la FSSPX, il rejoint le sédévacantisme aux USA et poursuit ses études. Dans un de ses ouvrages intitulé « *La messe de Paul VI en question* »(16), il démontre l'invalidité de la messe de Paul VI de manière analytique en rapprochant chaque rubrique du nouvel ordo de ceux du rite tridentin. Celui-ci aurait perdu tout pouvoir salvifique et ne présente qu'une coquille vide dans laquelle la messe se nomme la «célébration eucharistique», proche de celle protestante. Nous reprenons les principales remarques de l'abbé figurant dans son livre.

Il note que Paul VI, considérant que les fidèles restaient attachés au rite ancien par goût personnel, leur interdit fermement d'invoquer toutes raisons doctrinales justifiant un rejet du *Novus Ordo*. Le prêtre américain souligne que cette dernière forme, clamée à haute voix à présent par le prêtre en langues vernaculaires, permet par commodité de véhiculer plus facilement la nouvelle doctrine conciliaire. Les lectures énoncées par des laïcs sont entendues passivement par l'officiant qui ne se tient plus à l'autel à ce moment-là. Au cours des offices, les non-ordonnés peuvent intervenir. Il est à présent possible d'aménager l'espace liturgique en toute liberté, exclure ou imaginer de nouvelles rubriques éphémères ou durables. Le mot d'ordre est d'innover et de « secouer les coeurs ! » Enfin les traductions de mauvaises qualités ne sont pas fidèles.

Seules dix-sept pour cent des oraisons de l'ancien rite sont intégrés au *Novus Ordo*. Les prières en bas de l'autel, récitées par le prêtre pour son indignité à célébrer le saint sacrifice, ont disparues. En effet, la messe n'est plus le renouvellement du sacrifice de la Croix sur l'autel, mais un mémorial de la dernière cène.

L'assistance est réunie en assemblée non sacrificielle. Elle est l'association du peuple et du prêtre, tous à l'origine du sacrifice d'eux-mêmes. Le prêtre ne célèbre plus seul et préside cette assemblée.

La première partie de la Messe, celle des catéchumènes, jadis un rite de préparation du prêtre, représente un rite d'introduction à la théologie de l'assemblée. Bien entendu tout se déroule face au peuple. Les lectures des préfaces et des paroles eucharistiques sont profondément modifiées.

L'offertoire n'évoque plus le futur sacrifice. Avant la réforme de 1969, après avoir présenté l'hostie à Dieu, le prêtre la déposait sur le corporal, désignant ainsi la victime. À présent l'hostie rejoint à nouveau la patène. L'hostie une fois offerte ne doit plus revenir dans la patène, elle doit figurer sur le corporal, en tant que victime offrande. À présent elle reste dans la patène comme dans un plat, ce qui suggère le caractère festif d'un repas à la messe. La pierre d'autel et ses reliques ont disparu.

Le psaume 25 au cours du lavement des mains n'est plus récité par l'officiant. En cas d'encensement solennel de l'autel après l'offertoire, les précieuses prières d'accompagnement ne sont plus récitées par le prêtre.(1)

La préface chrismale inventée par le concile laisse entendre que le sacerdoce reçu dérive du sacrement des croyants, c'est à dire du peuple de Dieu et des baptisés. Écouter l'Évangile et recevoir l'eucharistie revient au même. Le peuple est « sacerdote ».

Aux jours les plus solennels il est possible de faire l'impasse du symbole de Nicée. La prière eucharistique est une narration. Les paroles « *mysterium fidei*-Mystère de la foi » sont dissociées du canon pour être clamées à haute voix en dehors des prières consécratoires afin d'acclamer la présence réelle du Christ réalisée grâce à l'état de grâce de l'assemblée réunie.

---

(1) Psaume 25, 6-12: « *Je laverai mes mains parmi les innocents et je me tiendrai autour de votre autel, etc.* »(14) « Il est impossible que, prise au « sens composé », qui est le sens véritable, la forme du n.o.m. Hoc est enim corpus meum, quod pro vobis tradetur, ait le même « sens » et la même « portée » que la forme traditionnelle Hoc est corpus meum. »

Le pape Pie V place cette formule au milieu des paroles consécratoires du vin, sang du Christ. Or, le nouveau rituel de Paul VI rejette ces paroles hors des formules sacrées. Deux modifications ont été apportées à la « forme », le 3 avril 1969. D'une part, *quod pro vobis tradetur* a été ajouté à *Hoc est enim corpus meum*.

> « Car toutes les fois que vous mangez ce pain, vous annoncez la mort du Seigneur jusqu'à ce qu'il vienne. »

« *Annoncer* » signifie proclamer en grec et souligne la transformation d'un évènement « actuel ». Ces modifications brise l'action présente de la présence réelle et du sacrifice réel sur l'autel.

La prière eucharistique ne représente que le récit de l'institution et la destruction des éléments rituels qui soulignent la présence réelle. La présence réelle va de soit par la présence du peuple associée au prêtre. De « trop nombreux » signes de croix par l'officiant, jugés répétitifs et inutiles, sont éliminés. Enfin des signes, symboles et rites datant des premiers siècles du Christianisme sont abandonnés.

L'abbé Cekada rappelle que le père Bouyer, (2) dont Paul VI était le disciple, disait à propos de la présence réelle (rappel)

> « Qu'il ne convenait plus de se concentrer sur les saintes espèces, le Christ ne sera présent qui si tout le corps de l'Église qui préside l'Eucharistie le fait. Le même père s'interroge sur quelle chose sacrée se produit au cours de la messe ? C'est le peuple fait peuple de Dieu. »

---

(2) Édité aux éditions Via Romana en 2021. Il rappelle que le père Bouyer dont Paul VI était le disciple, qu'en ce qui concerne la présence réelle, il ne faut pas se concentrer même à un institut de vie religieuse reconnu par le Vatican sur les saintes espèces, le Christ ne sera présent qui si tout le corps de l'Église qui préside l'Eucharistie est présente. Le même père s'interroge sur quelle chose sacrée se produit au cours de la messe ? C'est le peuple fait peuple de Dieu.

En 1962, Jean XXIII « trafique » la liste des saints invoqués au cours du sacro-canon, en y ajoutant Saint Joseph, alors que seules les martyrs son vénérés à ce moment.

A la fin du *Pater*, au *libéra nos* ... etc., a lieu la proclamation protestante: « *car c'est à toi qu'appartiennent le règne et la puissance et la gloire pour les siècles des siècles* ». Elle représente l'affirmation haute et forte que « vous » êtes Protestants.

La réponse « *Amen* » n'est plus prononcée à la communion des fidèles, une tradition du 3ième siècle!

Le signe de paix.

La poignée de main entre fidèles à ce moment représente un signe d'impiété, selon l'auteur, alors que la communion est imminente. Dans une messe traditionnelle la communion du prêtre fait partie du rite sacrificiel alors que dans la messe nouvelle la communion du prêtre et des fidèles sont communes. Pas de *confiteor*, l'assistance partage le sacerdoce. Il rappelle que les théologiens protestants, peu favorables au rapprochement avec Rome, considèrent que le sacrifice propitiatoire de la messe représente la principale pierre d'achoppement à toute volonté de rapprochement. Il s'agirait de l'erreur radicale de l'Église. La présence virtuelle n'est plus la conséquence de la transsubstantiation ! (Ce qui n'est pas certain) Le Saint-esprit invoqué opère la présence réelle du Christ.

La nouvelle messe en gestation entre 1948 et 1955, par une commission pontificale, a opposé les écritures à la consécration. À la simplification des rubriques sont intervenues la suppression d'une dizaine de vigiles et les quatorze octaves. Les Rois Mages sont peu à peu évacués de la liturgie et la citation de Melchisédech n'apparait plus dans les nouvelles préfaces. À ces modifications, s'inscrivent encore de nouvelles instructions à propos de la musique sacrée.

Le culte des morts a subit une révolution, l'âme n'étant plus citée. Du corps mystique l'Église on a supprimé l'église militante.

Le geste de la communion dans la main, selon l'abbé, signifie :

« Je refuse le dogme de la transsubstantation. »

Pourquoi s'en offusquer, ajoute l'abbé, la messe est invalide et les fidèles ne mangent que du pain ? Si la présence réelle existe, il n'intervient plus par la transsubstantation mais par les paroles du peuple rassemblé au moment de l'élévation, qui se résume non plus à une adoration mais à une acclamation. Et pourquoi crier au sacrilège qu'un fidèle puisse prendre dans la main le corps du Christ ? Il est sacerdote de la messe de Paul VI, que l'abbé qualifie de sacrilège et de destruction de la doctrine catholique pour laquelle les paroles valent sacrement.

Il va de soit que l'aménagement liturgique doit correspondre à la nouvelle théologie. Si le tabernacle a été retiré du maître autel c'est pour permettre une nouvelle arrivée de la présence réelle du Christ au moment de la nouvelle consécration.

Bouyer Louis abbé 1913 - 2004

Pasteur luthérien en 1936, fut reçu dans l'Église catholique à l'Abbaye de Saint-Wandrille en 1939, et entra dans la congrégation des prêtres de l'Oratoire. Il a été professeur à l'Institut catholique de Paris jusqu'en 1963 et ensuite a enseigné en Angleterre, en Espagne et aux USA. Deux fois nommé par le pape à la Commission théologique internationale, il a participé à la préparation du Concile Vatican II et à la mise en œuvre de sa réforme liturgique et de son ouverture œcuménique. Il compte parmi les plus grands théologiens

français du XXième siècle. Il précise dans son livre
« Eucharistie » chez Desclée et Cie en 1966:

> « Imaginer que la liturgie chrétienne a surgi par une sorte de génération spontanée, sans père ni mère comme Melki-Tsedeq, ou lui attribuer définitivement la perception de son authentique généalogie, c'est réduire à l'avance toutes les reconstructions à un échafaudage plus ou moins savant, plus ou moins ingénieux, de contresens.

Mars 2025

Ouvrages consultés

Alain Rey Le Robert Dictionnaire Historique de la Langue Française.
Amerio Romano dans Iota Unum ou les Variations de l'Église Catholique.
André Paul L'Évangile de l'enfance selon Saint-Matthieu. Cerf.
Anthony Cekada (Abbé) La Messe de Paul VI en question Via Romana 2021.
Enseignements Pontificaux La Saint Sacrifice de la Messe 1982.
Benoît de Jorna, abbé La Nouvelle Religion de Vatican II.
Borella Jean Le Sens du Surnaturel chez La Place Royale 1986.
Cardinaux Ottaviani et Bacci Bref examen critique du nouvel ordo missae, Renaissance Catholique.
Chanoine Crampon La Sainte Bible Desclée et Cie 1938.
Chanoine Pierre Schwenck Directeur du Grand Séminaire de Metz Le Secret de Jésus Éditions de Metz Mai 1981.
Christine Mohrmann dans « Epiphania » de la Revue des sciences philosophique et théologique, Paris, J. Vrin, 1953.
Clémens Brentano Les Mystères de l'ancienne alliance Texte intégral des révélations de la Bienheureuse Anne Catherine Emmerich recueillis, traduits et présentés par Jean-Joachim Bouflet Librairie Téqui 82, rue Bonaparte 75006 PARIS.
Dictionnaire Gaffiot Latin-Français 1934.
Louis Bouyer dans Eucharistie chez Desclée 1966.
Encyclopédie de la Foi dans La Liturgie chez Clovis 2004.
Frère Patrick Prétot Institut Supérieur de Liturgie Institut Catholique de Paris Conférence des Évêques de France.
Guilhaim et Sutyn, abbés Missel-Rituel et Vespéral Éditons DFT. Conformément aux décrets de la Sacrée Congrégation

des Rites 1955 et 1962.
lJoachim Jeremias « Die Abensmahls Wörte Jésu » Vanderhoecke und Ruprecht Göttingen 1967.
La Sainte Bible chez Desclée et Cie de 1938, traduite d'après les textes originaux par le **Chanoine Crampon** et annotés par lui-même.
TJ. Grimal Le Sacerdoce et le Sacrifice de NSJC Edition Beauchesnes 1926.
Jacob Neusner Un rabbin parle avec Jésus.
JM Ragon La Messe et ses mystères Les Éditions du Prieuré 1883.
Joachim Jeremias dans Les paraboles de Jésus Éditions Xavier Mappus Le Puy 1962.
Josef Ratzinger Benoît XVI Vatican II L'herméneutique de la Réforme Éditions Parole et Silence 2012.
Josef Ratzinger Benoît XVI Le Pouvoir des signes Éditions Parole et Silence 2012.
La Liturgie Clovis 2004.
Levatois La Messe à l'envers ou l'espace liturgique en débat Éditions Jacqueline Chambon 2009.
Marziac Jacques « L'oeuvre des oeuvres » Éditions Chiré.
Mgr Guerard des Lauriers Réflexions sur le nouvel ordo Missae 1977.
Mgr Marcel Lefebvre La Messe de toujours chez Clovis.
Mgr Marcel Lefebvre Lettres pastorales et écrits Fideliter.
Mgr Marcel Lefebvre La sainteté sacerdotale chez Clovis 2008.
Michael Davies La Réforme Liturgique Anglicane Clovis.
Michel André Instructions sur le Saint Sacrifice de la Messe Association Michel Pinot 2007.
Michel Marchiset, abbé, Quarante ans d'Erreurs ESR 2008.
Missel dominical de l'assemblée (Novus Ordo) Saint-André-Hautecombe-Clervaux Éditions Brépols Paris 1975.
Nicolas Boon Au cœur de l'Écriture Dervy Livres.
Ottaviani et Bacci, cardinaux Bref examen critique du Nouvel Ordo.
Philippe Laguérie Institut du Bon Pasteur Catéchisme.

Du même auteur

- La Roue Enflammée de Contz-les-Bains, sous-titré « Des Rites et du Langage dans la Vallée de la Moselle », Fensch Vallée 2000.
- Le Temps de l'Enfance en Lorraine, sous-titré « Pays-des-Trois-Frontières - Sarre - Luxembourg », La Geste 2021.
- Le Culte des Fontaines au Duché de Lorraine et dans l'Électorat de Trèves (L'aspect alchimique de la Saint Jean), 2023.
- Petite Grammaire Luxembourgeoise, 2023. Seconde édition.
- Une Saint Jean Initiatique en Lorraine sous-titré « Des origines celtiques aux Chevaliers de Saint-Jean à Sierck », 2023.
- Rettel le village des Chartreux en Lorraine, 2023.
- Aperçu sur les enjeux linguistiques en Moselle et au Luxembourg, 2023.
- Metz Quinze Août 1940 - Un diocèse à la croisée des chemins, 2024.
- L'Ouverture du Ciel aux Quatre Saisons, 2024.
- Mythes, Fées, Vierges Noires et les Mystères de la Forêt, 2024.